LEXIKON
DER ZAUBERSTEINE

Christian Rätsch und Andreas Guhr

LEXIKON DER ZAUBERSTEINE
aus ethnologischer Sicht

AKADEMISCHE DRUCK- u. VERLAGSANSTALT
GRAZ/AUSTRIA
1989

© Akademische Druck- u. Verlagsanstalt, Graz 1989
Printed in Austria
ISBN 3-201-01484-2

INHALTSVERZEICHNIS

EINLEITUNG 7
   Das Steinreich 8
   Mineralien – Gesteine – Fossilien – Biogene Steine
   Was sind Zaubersteine? 12
   Amulette und Talismane – Kraftobjekte und magische Waffen – Fetische und Kultobjekte – Divinationsmittel – Meditationsobjekte – Medizinen und Elixiere – Aphrodisiaka und Liebeszauber – Antidote und Panazeen
   Zur Forschungsgeschichte und Literaturlage 22

DIE ZAUBERSTEINE VON A–Z 25
   Achat, Amethyst, Ammoniten, Artefakte, Augensteine, Azurit, Belemniten, Berghörner, Bergkristall, Bernstein, Bezoarsteine, Blutstein, Boji-Steine, Brachiopoden, Büffelsteine, Cintamani, Donnerkeile, Donnerpferd, Drachenknochen und -zähne, Drachensteine, Drudensteine, dZi-Steine, Edelsteine, Feuerstein, Figurensteine, Fischsteine, Götterräder, Goldschnecken, Haifischzähne, Heiligengeist-Schnecken, Hexenschüsseln, Höhlenperlen, Jade, Jaspis, Judensteine, Katzenaugen, Katzenpfötchen, Konkretionen, Koprolithe, Korallen, Krötenschüsseln, Krötensteine, Lapislazuli, Lava, Lochsteine, Lößkindl, Luchssteine, Magnetstein, Malachit, Maria-Ecker-Pfennige, Meteorite, Milchsteine, Muscheln, Muttersteine, Nummuliten, Obelisk, Obsidian, Omphalos, Organsteine, Perlen und Perlmutt, Pilzsteine, Pyrit, Rauschgelb und Rauschrot, Saligrame, Schlangensteine, Schnecken, Schwalbensteine, Seeigel, Seelensteine, Seelilien, Shiva-lingam, Siegsteine, Sternsteine, Steinfarben, Suiseki, Taubensteine, Tektite, Trilobiten, Trochiten, Tropfstein, Türkis, Verschreiherzen, Versteinertes Holz, Wirbelsteine, Zahnschnecken, Zinnober

ANHANG 171
   Geologische Zeittafel 172
   Bibliographie 173
   Danksagung 183
   Index 185

> Die Quelle des Ursprungs
> Ist jenseits von Raum und Zeit.
> Ein Augenblick des Bewußtseins
> Wird zu den Zehntausend Jahren.
>
> *Shinjinmei*

EINLEITUNG

Der moderne, westlich erzogene Mensch unterscheidet gewöhnlich drei Naturreiche: Steine, Pflanzen und Tiere. Dabei gelten die Steine als tot oder leblos, die Pflanzen als belebt und Tiere bestenfalls als beseelt. Bewußtsein hat nur der Mensch...
Völker anderer Welten und Zeiten hatten, manchmal haben sie es noch heute, das Wissen, daß alle Naturreiche lebendig sind, ja, daß sie alle miteinander in einem kosmischen Bewußtseinsnetzwerk verwoben sind. Früher nannte man die Vorstellung von der belebten und beseelten Natur Animismus. Wieviel lebendiger ist doch die gesamte Welt, wenn auch die Elemente, aus denen sie gebaut ist, belebter Natur sind.
Ist es vielleicht die Kunst der Wahrnehmung, die den Steinen das Leben einhaucht, ihnen die Zauberkraft verleiht? Ist nicht die Kunst der Wahrnehmung der erste Schritt zur Zauberei? So wie wir modernen Wissenschaftler allzuleicht über die Erkenntnisse unserer Ahnen lächeln, werden die Wissenschaftler – oder besser: Mystiker? – von morgen über unsere Erkenntnisse und Lehrmeinungen lächeln. Aber jede Erkenntnis baut auf der vorhergegangenen auf und ist ein wichtiger Schritt in der Evolution des Bewußtseins. Jede uns noch so absurd erscheinende Vorstellung war einmal gültig, hat die Welterfahrung unserer Ahnen geprägt, hat uns selbst geprägt, ja, hat uns überhaupt erst die Voraussetzungen und Möglichkeiten eigenen Denkens und eigener Erkenntnisprozesse gegeben. Jede Idee ist ein Baustein im Fundament der menschlichen Erkenntnis. Wird sie ausgeklammert, wird der Bau brüchig. Ein Dach ohne Wände hat keinen Halt. Eine Erkenntnis ohne Geschichte keinen Wert. Deshalb haben auch die Erkenntnisse, Ideen und Erklärungen unserer Vor-fahren und der letzten lebenden Naturvölker ihre Berechtigung.

Solche Erkenntnisse, haben wir sie erst einmal ernst genommen, können uns enorm bereichern. Sie können unser eingeschränktes Bewußtsein von der Welt der Natur erweitern, unsere Zivilisationskrankheiten heilen, unser Leben bereichern. So kann die Kenntnisvon der Zauberkraft der Steine dazu beitragen, sich wieder heimisch im Universum zu fühlen, wieder den Kreis des Lebendigen zu spüren, wieder ganz zu werden.

DAS STEINREICH

Das Steinreich gehört zur Mutter Erde, zu Gaia. Es ist der Mantel, der Gaia umhüllt, der sie schützt und bewohnbar macht. Den alten Völkern und den archaischen Kulturen gilt das Steinreich als lebendig. Es steht mit anderen lebendigen Wesen, mit den Pflanzen und Tieren, in einem ewigen Kreislauf. Die moderne Geologie hat gezeigt, daß die Steine nicht von Ewigkeit sind. Sie werden durch Erosion, durch Erdschwankungen und Abbau zerstört, abgetragen, zusammengeschwemmt, neu verdichtet, zu neuen Steinen gemacht (vgl. GEORGI 1972). Dieser „Kreislauf der Gesteine" ist ein oberflächlicher Metabolismus der Mutter Erde. Ist dieser Kreislauf, dieser Stoffwechsel ein Indiz dafür, daß die Erde doch ein lebendiges Wesen ist? In jüngster Zeit hat die Gaia-Hypothese in der modernen Naturwissenschaft an Bedeutung gewonnen. Danach ist aus der Beschaffenheit der Erde zu ersehen, daß sie *wirklich* ein lebendiges Wesen ist.
Nach altgermanischer Überlieferung sind die Steine, Felsen und Gebirge aus den Knochen eines Riesen entstanden. Die Steine sind somit organischen Ursprungs. Die Lakandonen-Indianer erzählen, der erste Mais sei aus Kieselsteinen, die ein Gott in die Erde gelegt hat, erwachsen. Hier geht die organische Materie aus dem Stein hervor. Wo ist also die Grenze zwischen Leben und Tod, zwischen Organischem und Anorganischem. Wieso wird behauptet, Steine seien tote Gegenstände? Sind Steine nicht lebendige Wesen, deren Ausstrahlungen für Menschen nur sehr schwer begreiflich sind?
Eine Muschelschale besteht aus Calcit, einem Mineral, aus dem ganze Gebirge aufgebaut sind. Die Muschelschale wird aber von einem

lebendigen Organismus gebildet. Das lebende Wesen erzeugt einen Stein, in dem es geschützt und sicher wohnt. Wenn die Muschel stirbt, vergeht das Fleisch, die Schale bleibt aber erhalten. Manchmal sind die Schalen über Millionen von Jahren erhalten. Oft hat sich um sie herum ein festes Gestein gebildet. Die Muschel ist versteinert, aber die eingebettete Schale zeugt noch von ihrem Leben, das genauso wichtig in der Evolution der Erde und des Bewußtseins ist, wie ein jedes Menschenleben.

Wer in Steinen lebendige Wesen erkennen kann, der kann sie auch in einer Art und Weise respektieren und nutzen, daß sie sein Leben bereichern können. Aus dieser Anschauung wird auch verständlich, wieso mit Steinen gezaubert werden kann.

Das Steinreich wird in den verschiedenen Kulturen unterschiedlich klassifiziert. Manchmal wird es zerlegt in gewöhnliche Steine, Mineralien, Edelsteine, figurierte Steine. Andere kennen die Kategorien Stein, Kristall, Metall, Versteinerung. Manche Völker kennen gar keine Subkategorien und fassen alles, was hart und unbeweglich ist, als Steine zusammen.

In diesem Buch werden Mineralien, Gesteine, Fossilien und biogene Steine, die magisch genutzt werden, als Zaubersteine zusammengefaßt. Dabei liegt das Hauptgewicht auf den Fossilien, da sie global betrachtet als Zaubersteine die größte zeitliche und räumliche Verbreitung haben. Die ethnologische Bedeutung der Fossilien ist weit aus gewichtiger als die der Mineralien und Edelsteine.

Was sind Mineralien, Gesteine, Fossilien und biogene Steine aus geologischer Sicht?

MINERALIEN

Mineralien – abgeleitet von *mina,* „unterirdischer Gang, Höhle" – sind anorganische, chemisch einheitliche und definierbare Substanzen, deren Atome, Ionen und Moleküle in bestimmten Raumgittern angeordnet sind und dadurch in charakteristischen Formen auskristallisieren. Gut auskristallisierte Mineralien sind recht selten und seit alters her begehrte Objekte. Es gibt Mineralien, die wunderschön gefärbt sind, dadurch

Aufmerksamkeit erzeugten und als Schmucksteine verwendet wurden und werden. Manche Mineralien sind dazu noch durchscheinend, „kristallklar", und enorm hart. Diese werden als Edelsteine bezeichnet und stellen meist einen großen Wert dar. Folgende Mineralien wurden im Laufe der Menscheitsgeschichte als Zaubersteine benutzt: → *Achat, Amethyst, Azurit, Bergkristall, Blutstein, Boji-Steine, Edelsteine, Jade, Jaspis, Lapislazuli, Magnetstein, Malachit, Pyrit, Rauschgelb und Rauschrot, Türkis, Zinnober.*

GESTEINE

Gesteine sind entweder Gemische aus mehreren mikrokristallinen Mineralien (Granit, Gneis, Porphyr), verhärtete vulkanische Ergüsse zusammengeschmolzener Mineralien (Lava, Bimsstein, Obsidian), verfestigte Sedimente (Sandstein, Tonschiefer, Kalkstein) oder verbackene Massenansammlungen von Fossilien (Kreide, Muschelkalk, Nummulitenkalk, Steinkohle, Biolithe). Der Mantel der Erde ist hauptsächlich aus Gesteinen aufgebaut, die in einem ewigen Kreislauf miteinander verwoben sind. In Klüften und Gängen der Gesteine werden oft kristalline Mineralien gefunden. In Sedimentgesteinen sind meist Fossilien eingebettet. Viele Gesteine werden erst durch eine auffällige Gestalt oder durch eine bestimmte Bearbeitung zu Zaubersteinen. Folgende Gesteine, die als Zaubersteine benutzt wurden, sind in diesem Lexikon zu finden: → *Augensteine, Drachensteine, Drudensteine, Feuerstein, Figurensteine, Lava, Lochsteine, Obsidian, Seelensteine, Tropfstein.*

FOSSILIEN

Fossilien sind die Spuren oder Überreste verstorbener Organismen vergangener Zeiten. Meist bleiben nur die Hartteile der verschiedenen Organismen erhalten. Sie behalten entweder ihre originale Struktur, werden durch Umkristallisation verändert oder werden durch andere Substanzen (Mineralisation) ersetzt, behalten dabei aber ihre ursprüngliche Gestalt. Oft werden Hohlkörper mit Sedimenten angefüllt, die später zu Stein verdichtet werden, und als sogenannte Steinkerne den Innenraum des Organismus widerspiegeln. Die meisten Fossilien sind zu Stein gewordene Organismen (Versteinerungen, Petrefakten). Aber auch Erdöl, Bernstein und Gagat (Jet) sind Fossilien. Die ältesten bekannten Fossilien stammen aus dem Präkambrium und sind über 600 Millionen Jahre alt. Die Fossilien sind Zeugen der Evolution, der Entwicklung der kosmischen Intelligenz in Form und Gestalt lebendiger Wesen. Man kann in den Fossilien leicht die Urahnen der Menschheit sehen. Vielleicht rührt daher ihre magische Kraft. Fast alle häufig anzutreffenden Fossilien wurden im Laufe der Menschheitsgeschichte als Zaubersteine benutzt: → *Ammoniten, Belemniten, Berghörner, Bernstein, Brachiopoden, Büffelsteine, Donnerkeile, Donnerpferde, Drachenknochen und -zähne, Drachensteine, Fischsteine, Götterräder, Goldschnecken, Haifischzähne, Heiligengeist-Schnecken, Judensteine, Koprolithe, Korallen, Krötenschüsseln, Luchssteine, Maria-Ecker-Pfennige, Muscheln, Muttersteine, Nummuliten, Saligrame, Schlangensteine, Schnecken, Schwalbensteine, Seeigel, Seelilien, Shiva-lingam, Siegsteine, Sternsteine, Taubensteine, Trilobiten, Trochiten, Verschreiherzen, Versteinertes Holz, Wirbelsteine, Zahnschnecken.*

BIOGENE STEINE

Es gibt eine Reihe von Organismen, die aus ihrer Umwelt Mineralien aufnehmen und sie in genetisch vorprogrammierter Weise an oder in ihrem Körper auskristallisieren lassen. Solche Mineralien können als Steine biogener Herkunft bezeichnet werden. Sie werden von den meisten Völkern zu dem Steinreich gezählt. Biogene Steine sind der lebendige Beweis für die Einheit von „belebter" und „unbelebter" Natur. Daher wurden sie schon immer als Zaubersteine geschätzt: → *Bezoarsteine, Katzenaugen, Korallen, Krötensteine, Muscheln, Muttersteine, Organsteine, Perlen und Perlmutt, Schnecken, Zahnschnecken.*

WAS SIND ZAUBERSTEINE?

Zaubersteine aus ethnologischer Sicht, das heißt: wie werden welche Steine von wem zur Zauberei benutzt.
Zauberei ist das bewußte Jonglieren mit Wirklichkeiten – mit privaten, persönlichen und kollektiven. Die Zauberei ist ein bewußter Eingriff in die Wirklichkeit. Sie soll wunschgemäß, auf physikalisch nicht nachvollziehbare Weise verändert werden. In vielen Objekten wird eine Zauberkraft gesehen, die nur gelenkt werden muß. Besonders oft wird eine derartige Zauberkraft in besonderen Steinen gesehen.
Der Zauber der Steine entfaltet sich im Bewußtsein. Die Kunst der Wahrnehmung eröffnet uns diese Möglichkeit.
Zaubersteine können schützen, heilen, töten, führen, anziehen, abstoßen, verzaubern, verhexen, verlocken, verführen, erleuchten, beglücken. Sie können Krankheiten vertreiben und heilen, Gifte neutralisieren, die Gesundheit fördern, Kraft und positives Denken spenden, das Leben verlängern, und Glück bringen. Man kann mit ihnen Götter, Geister und Dämonen beschwören oder bannen. Durch sie kann der Blick in die verborgenen Welten der Vergangenheit, Gegenwart und Zukunft schweifen. Sie können Liebe oder Haß erzeugen, Attraktivität fördern oder Abscheu schüren. Sie können die Meditation unterstützen, den Kontakt zum höheren Selbst schließen, zur Unio mystica führen. Aber die Kräfte der Zaubersteine müssen durch das Bewußtsein erweckt werden. Dazu werden besondere Rituale durchgeführt, die mit Gebeten, Zaubersprüchen, Mantren, mit Räucherwerk und psychedelischen (bewußtseinserweiternden) Pflanzen unterstützt werden. Der Stein wird ein Focus des Bewußtseins, er wird mit dessen Wirklichkeit geladen. Er leitet, bündelt, konzentriert die physikalisch nicht faßbaren Kräfte. Er kann als Wirklichkeits- oder Gedankenverstärker wirken. Er ist für den Zauberer ein Gerät, mit dem er seine Kräfte zielgerichtet einsetzen kann.
Es gibt verschiedene Kategorien von Zaubersteinen, die sich aus ihrem Tätigkeitsbereich und ihrer Beschaffenheit ergeben. Welche Arten von Zaubersteinen gibt es nun?

Amulette und Talismane

Amulettte und Talismane sind gewöhnlich materielle Objekte, denen eine unsichtbare, physikalisch nicht nachweisbare Kraft innewohnt, die dem Besitzer in gewünschter Weise hilft. Amulette haben dabei eine Schutzfunktion (apotropäische oder unheilabwehrende Wirkung). Talismane sind eher Glücksbringer (magnetische Wirkung). Amulette und Talismane sind meist natürliche Materialien, die durchaus bearbeitet sein können (Steine, Muscheln, Wurzeln); manchmal sind es rein künstliche Objekte (Kreuze, *ujat*-Augen). Gewöhnlich werden Amulette und Talismane am Körper getragen. Sie sind persönlicher Besitz und wirken nur auf den Besitzer (vgl. HANSMANN und KRISS-RETTENBECK 1977). Amulette sollen entweder selbstgefundene Objekte oder Geschenke sein. In vielen Kulturen gelten gekaufte Amulette als kraftlos. Um sie mit Kraft zu laden, müssen sie von einem Spezialisten geweiht oder magisch aufgeladen werden.
Fast alle in diesem Lexikon angeführten Steine wurden in irgendeiner Form als Amulette und Talismane benutzt. Das althochdeutsche Wort für Amulett ist *zoubar*, „Zauber" (HÖRANDNER 1985: 5). Somit sind Steinamulette wirkliche Zaubersteine.

Kraftobjekte und magische Waffen

Viele Völker benutzen Steine, um darin besondere Kräfte (Heilkräfte, Flüche usw.) zu speichern. Durch einen derartigen Vorgang, der oft nur von einem Eingeweihten (Schamane, Zauberer, Heiler, Priester) durchgeführt werden kann, werden diese Steine Kraftobjekte. Im Prinzip können alle Steine zu Kraftobjekten werden. Manche Steine bekommen durch die Bearbeitung eine Gestalt, die bestimmte Kräfte in sich konzentrieren soll, die von einem Wissenden aktiviert und zielgerichtet eingesetzt werden können. Solche Steine werden zu magischen Waffen: siehe *Artefakte, Bergkristall, Donnerkeile, Meteorite*.

Fetische und Kultobjekte

Fetische sind natürliche oder künstliche Objekte, in denen eine persönliche (z.B. ein Ahne) oder fremde Macht, Zauberkraft oder Gottheit wohnt, die vom Besitzer des Fetisch kultisch verehrt und zu seinen Zwecken nutzbar gemacht wird. Den Fetischen werden Opfer gebracht und sie werden mit Gebeten, Zaubersprüchen oder Mantren beschworen (RÄTSCH 1988b). Zentren des Fetischkultes sind Westafrika (vgl. THIEL 1986) und der Südwesten Nordamerikas. Die Fetische der Zuni-Indianer sind heutzutage beliebte Sammelobjekte (vgl. CUSHING 1966). Folgende Steine wurden oder werden als Fetische und zur Herstellung von Fetischen benutzt: *Ammoniten, Artefakte, Bergkristall, Brachiopoden, Büffelsteine, Donnerpferde, Figurensteine, Götterräder, Konkretionen, Koprolithe, Krötensteine, Meteorite, Muscheln, Perlen und Perlmutt, Obsidian, Sternsteine.*

Oft stehen bestimmte Objekte, sog. Idole, im Zentrum kultischer Verehrung. Sie gelten entweder als Sitz bestimmter Götter oder als Nahtstelle zwischen Himmel und Erde. Die ältesten Kultobjekte der Menschheit waren Steine (Megalithen). Kultobjekte sind: *Ammoniten, Artefakte, Berghörner, Cintamani, Donnerkeile, Götterräder, Meteorite, Obelisken, Omphalos, Pilzsteine, Saligrame, Schlangensteine, Seeigel, Shiva-lingam.*

Divinationsmittel

Die Divination ist eine Technik der Wahrsagerei, bei der durch einen menschlichen Mittler göttlicher Wille offenbart wird. Dazu werden oft verschiedene Mittel, die Divinationsmittel, benutzt. Bei der Divination werden oft Steine verwendet. Entweder sind es bearbeitete Steine (Kugeln, Spiegel; vgl. *Bergkristall, Obsidian, Omphalos, Pyrit*), in denen der Wahrsager verborgene Aspekte der Wirklichkeit *sehen* kann oder es sind natürliche Objekte (vgl. *Ammoniten, Figurensteine*), die der Induktion einer prophetischen Trance dienen.

Meditationsobjekte

Die Meditation ist eine geistige Technik, in der das Bewußtsein auf eine gewünschte Art in einen veränderten Zustand versetzt wird. Meditation kann auch als eine Art „Selbstverzauberung" beschrieben werden. Der Zweck der Meditation ist bei verschiedenen Völkern und Praktikern recht unterschiedlich. Die einen wollen ihr Ego transzendieren, die anderen wollen persönliche Macht akkumulieren, die Dritten suchen nach Erleuchtung und die Vierten wollen ihre täglichen Probleme lösen. Oft werden bestimmte Objekte zur Unterstützung der Meditation herangezogen. In ihnen soll sich das Bewußtsein sammeln, durch sie soll es verzaubert, verwandelt werden. Viele Steine eignen sich als Meditationsobjekte, folgende aber besonders gut: *Ammoniten, Augensteine, Bergkristall, Blutstein, Boji-Steine, Cintamani, Donnerkeile, Edelsteine, Figurensteine, Götterräder, Lochsteine, Obelisken, Pilzsteine, Saligrame, Schlangensteine, Schnecken, Shiva-lingam, Suiseki.*

Medizinen und Elixiere

Medizinen sind materielle Mittel, die auf einen Körper gesundheitsfördernd oder heilend einwirken sollen. Dabei gibt es Medizinen, die innerlich genommen werden, aber es gibt auch äußerlich applizierte. In manchen Kulturen genügt oft schon die Berührung mit einer Medizin. Solche Medizinen sind oft Steine. Sie werden in besonderen Medizinbeuteln aufbewahrt und zum Heilen daraus hervorgeholt. Sie können auch als Präventivmittel am Körper getragen werden. Besonders in nordamerikanischen Indianerkulturen ist der Gebrauch von Steinen als Medizin verbreitet. Siehe dazu: *Ammoniten, Blutstein, Brachiopoden, Büffelsteine, Donnerpferde, Figurensteine, Konkretionen, Koprolite, Meteorite, Obsidian, Trilobiten, Türkis.*
Elixiere sind meist Trünke, die das Leben gesund erhalten und verlängern, wenn nicht gar unsterblich machen sollen. Besonders die Alchimisten suchten nach Unsterblichkeitselixieren. Dabei probierten sie auch verschiedene Steine aus: *Edelsteine, Rauschgelb und Rauschrot, Tropfstein.*

Aphrodisiaka und Liebeszauber

Im Laufe der Geschichte sind immer wieder Mittel gesucht und ausprobiert worden, die geeignet sind, die Liebesfähigkeit zu erhöhen, die sexuelle Lust zu steigern, die Potenz zu erhalten oder zu verbessern, oder die Erotik zu verzaubern. Tausende von Pflanzendrogen sind zu unzähligen Liebestränken verarbeitet worden. Ebenso sind viele exotische Tiere und eine Reihe von Steinen benutzt worden.
Folgende Steine wurden oder werden als aphrodisierende oder potenzsteigernde Mittel verwendet: *Ammoniten, Artefakte, Belemniten, Bergkristall, Bernstein, Bezoarsteine, Brachiopoden, Donnerkeile, Drachenknochen und -zähne, dZi-Steine, Edelsteine, Figurensteine, Fischsteine, Haifischzähne, Heiligengeist-Schnecken, Jade, Judensteine, Korallen, Lochsteine, Luchssteine, Muscheln, Muttersteine, Perlen und Perlmutt, Saligrame, Schnecken, Shiva-lingam, Steinzungen, Tropfstein, Taubensteine, Türkis, Zinnober.*
Die Verwendung von Steinen für Aphrodisiaka zerfällt in innere, äußere und talismanische Applikation. Manche Steine werden zermahlen geschluckt oder in Salbenform aufgetragen. Calzithaltige Steine werden gelegentlich in sauren Flüssigkeiten (z.B. in Essig) aufgelöst und getrunken. Einige Steine werden für eine bestimmte Zeit in Wasser, Wein oder eine andere Flüssigkeit gelegt. Danach wird der Stein wieder entfernt, mitunter rituell gereinigt, und die durch seine Kraft aufgeladene Flüssigkeit getrunken. Manche Steine werden als Liebesamulette am Körper getragen oder am Ort der Lust versteckt.
In allen Kulturen gibt es die Vorstellung, daß Steine aphrodisische Zauberkräfte bergen und mit den entsprechenden Ritualen freigeben oder auf den Menschen übertragen. Oft werden bestimmte Steine zu persönlichen Fetischen, die um Hilfe auf den Gebieten der Liebe und Erotik angefleht werden.

Antidote und Panazeen

Die politische Weltgeschichte kann auch als eine Geschichte der Gifte, Vergiftungen und Giftmorde bezeichnet werden (vgl. Lewin 1984).

1: Bergkristalle und Stechapfel (*Datura inoxia*); mit Hilfe des Stechapfels können die Maya-Schamanen in den „Leuchtenden Edelsteinen" das Verborgene erkennen. (Sammlung und Foto: Rätsch)

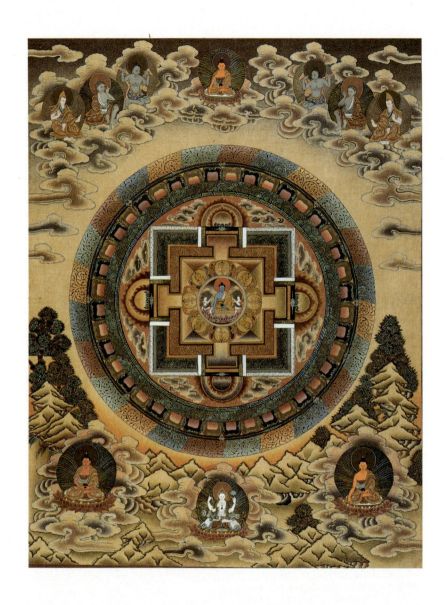

2: Tibetisches Thangka mit dem Buddha-Mandala. Der Buddha hält das cintamani, das „Zauberjuwel", in der Hand. Daraus emaniert die in vier Gegenden aufgeteilte Welt. (Sammlung Guhr)

Dementsprechend groß war der Bedarf nach Giftschutz, Gegengiften oder Antidoten. Schon im Altertum wurden die Hof- und Leibärzte der Herrscher damit beauftragt, wirksame Antidote zu finden und zu erproben. Es wurden neben Steinen die merkwürdigsten Rezepte ersonnen und die exotischsten Mittel verwendet. Berühmt wurden Theriak und Mithridat, Schildkrötenfleisch, Gemsenkugeln, Hirschhorn, Rhinoceroshornbecher, Einhorn, Tigerknochen, Terra Sigillata und ägyptische Mumie. Folgende Zaubersteine wurden auch als Antidote verwendet: *Amethyst, Bezoarsteine, Drachenknochen und -zähne, Drudensteine, Edelsteine, Haifischzähne, Jade, Korallen, Krötensteine, Malachit, Organsteine, Perlen und Perlmutt, Rauschgelb und Rauschrot, Schlangensteine, Türkis.*

Die Zauberkraft der Steine sollte sich auf vergiftete Speisen und Trünke so auswirken, das zum einen das Gift unschädlich gemacht wird, zum anderen der Stein ein Zeichen gibt, das das Vorhandensein von Gift anzeigt. Selten wurden die Steine innerlich eingenommen.

Oft wurden die Antidote auch als Panazeen, als „Allheilmittel", betrachtet.

Grabbeigaben

Schon in der Altsteinzeit begann der Mensch, dem Verstorbenen etwas mit ins Grab zu legen. In manchen Kulturen wurden die Grabbeigaben so wichtig, daß sie praktisch nur dadurch der Nachwelt erhalten geblieben sind. Meistens sollen die Grabbeigaben den Toten bei seiner letzten Reise vor chthonischen Mächten schützen und ihn sicher in die Gefilde der Seligen führen oder zu einer Wiedergeburt bringen.

Folgende Steine haben eine große Bedeutung als Grabbeigaben: *Artefakte, Bernstein, Brachiopoden, Büffelsteine, Edelsteine, Haifischzähne, Jade, Jaspis, Lapislazuli, Muscheln, Mutterstein, Schnecken, Seeigel, Seelensteine, Zahnschnecken.*

Abb. 1: Kupfertafel aus VALENTINI, 1704; es sind hauptsächlich die damals bekannten Fossilien, die als Zaubersteine benutzt wurden, dargestellt.

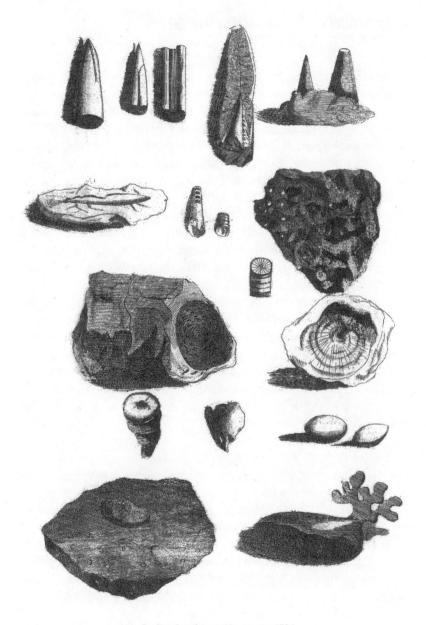

Abb. 2: Kupfertafel aus VALENTINI, 1704.

ZUR FORSCHUNGSGESCHICHTE UND LITERATURLAGE

In der ethnologischen Forschung werden systematisch die Informationen oder Daten zu einem Objektbereich gesammelt, nach bestimmten Kategorien sortiert und zu einem Gesamtbild verdichtet. Ist der Objektbereich „Zaubersteine", so werden dazu Fragen formuliert, und diese an die ethnologischen Quellen, also an lebendige Menschen, ethnohistorische Aufzeichnungen oder ethnographische Monographien gestellt. Die Antworten ergeben zusammen einen Überblick zu dem Objektbereich.

In diesem Sinne sind viele der alten griechischen und römischen *Lithika* oder „Steinbücher" als ethnologische Quellen zur magischen Benutzung von Steinen anzusehen. Die Autoren derselben Bücher haben ihre Zeitgenossen und bestehenden Schriften über ihr Wissen um die Zauberkräfte der Steine befragt und diese Angaben zusammengeschrieben. Sie geben somit ein relativ repräsentatives Bild vom antiken Steinglauben wieder. Es hat sicherlich sehr viele *Lithika* gegeben, es sind aber nur sehr wenige erhalten geblieben. Das vielleicht interessanteste Steinbuch ist dem ORPHEUS zugeschrieben (4.Jh.). Das älteste europäische Buch über Steine ist das Werk des THEOPHRAST. Es entstand im 3.Jahrhundert vor der Zeitwende. Die *Arzneimittellehre* des DIOSKURIDES und die Naturgeschichte von PLINIUS dem Älteren stellen weitere sehr wichtge Quellen dar (beide 1. Jh.).

Viele der mittelalterlichen Stein- und Naturbücher (z.B. von HILDEGARD VON BINGEN, KONRAD VON MEGENBERG, HORTUS SANITATIS) sind von diesen antiken Schriften inspiriert worden. Ihre Autoren haben zum antiken Wissen noch das zeitgenössische Volksgut und ihre eigenen Anschauungen zugefügt. Von den Werken der frühen Neuzeit sind nur noch wenige, und dann nur sehr ungenügend, als ethnologische Quellen anzusehen. Die Autoren versuchen, ihre eigenen, individuellen Meinungen über die Steine zu publizieren. Das Volksgut wird gelegentlich – oft mit spöttischem Ton – nur mehr am Rande erwähnt. Ausnahmen sind das *Museum Museorum* (1704) von Michael Bernhard VALENTINI und die Werke von Conrad GESNER.

Mit dem Beginn der frühen Neuzeit kommt aber auch eine eher

ethnologisch orientierte Literatur auf. Zwar sind viele Quellentexte von christlichen Missionaren verfaßt, doch enthalten sie oft genaue Beschreibungen von magischen und „widernatürlichen" Praktiken. Daraus läßt sich doch noch einiges erkennen. Denn die Berichte der Missionare sollten gerade dazu dienen, die Abgründe des Heidentums aufzudecken (vgl. RÄTSCH 1986a).
In der jüngeren ethnographischen Literatur sind die Daten schon verläßlicher. Allerdings trifft man bei der Recherche nach Zaubersteinen in dieser Literaturgattung auf ein nicht unerhebliches Problem. Die Ethnologen haben meist keine mineralogischen noch paläontologischen Kenntnisse. So wurden in der frühen ethnographischen Literatur zu den Präriestämmen Nordamerikas die benutzten Fossilien nicht als solche erkannt. Die Ethnologen schrieben über künstlich geformte Steine (wie bei den → *Büffelsteinen*). Die gesamte ethnographische Literatur ist recht arm an Zeugnissen über den magischen Gebrauch von Steinen. Dieses Buch möchte die bestehende Lücke schließen. Es gibt allerdings eine Reihe sorgfältiger, lesenswerter Bücher über die kulturelle Bedeutung einzelner Steine, wie Bernstein, Jade und Türkis (vgl. Literaturhinweise bei den Stichwörtern.
In der europäischen Volkskunde steht es um die Zaubersteine weit besser. Viele Volkskundler haben sich eingehend mit Amulettwesen, Zauberzeichen und volksmedizinischen Verfahren beschäftigt (HANSMANN und KRISS-RETTENBECK 1977, NEMEC 1976). Allerdings das klassische Standardwerk stammt von einem Paläontologen. Es war der Österreicher Othenio ABEL (1875–1946; vgl. STOLL 1988). Nach verschiedenen Artikeln (1937) zum selben Thema veröffentliche er 1939 das Buch *Vorzeitliche Tierreste im Deutschen Mythus, Brauchtum und Volksglauben*. Es ist das bis heute meist zitierte Werk in volkskundlich orientierten paläontologischen Schriften. ABEL war in seiner volkskundlich-paläontologischen oder „ethnopaläontologischen" Forschung so akribisch, daß Jahre nach ihm kaum ein Autor noch etwas hinzufügen konnte (GRUBER 1980, HEBEISEN 1978, KRUMBIEGEL und WALTHER 1977, NEIL 1984, OAKLEY 1965, VAVRA 1987).
1981 erschien das großangelegte, reich illustrierte Buch *Fossils, Unknown Companions* von dem italienischen Paläontologen Enrico ANNOSCIA. Da dieses Buch von einer Petroleumfirma finanziert und als

Geschenk an gute Kunden und Freunde des Autors gedacht war, ist es leider vollständig ohne Beachtung geblieben. Es ist der erste umfassende Versuch, die Kulturgeschichte der Fossilien global und allgemeinverständlich darzustellen.

In der mineralogischen Literatur sind Hinweise auf Zaubersteine sehr selten. Falls doch kulturgeschichtliche Informationen gegeben werden, beziehen sie sich meist auf Bergbaubrauchtum (LIEBER 1987). Jedoch haben einige Mineralogen einige Bücher über den magischen Gebrauch von Edelsteinen veröffentlicht: EVANS 1976, KUNZ 1971 und 1973.

Zur indischen Edelsteinmagie gibt das Buch von Harish JOHARI (1987) einen guten Überblick.

Verschiedene Lexika enthalten einige Hinweise und Informationen zu Zaubersteinen: BARNETT 1973, BIEDERMANN 1986, EBERHARD 1983, HANSLICK 1960, LÜSCHEN 1979, LURKER 1987.

In den letzten Jahren sind viele Bücher zum Thema „Heilen mit Edelsteinen" erschienen. Sie wurden jedoch nicht von Fachwissenschaftlern geschrieben. Ihre Verfasser referieren darin meist nur die antiken und mittelalterlichen Quellen und vermischen alles mit einer kräftigen Portion eigener Meinungen und Erkenntnisse, die normalerweise auf keiner Tradition beruhen.

Das Thema Zaubersteine scheint in ethnologischer Sicht noch ein weites Forschungsfeld zu sein. Mit unserem Buch möchten wir einen ersten, gezwungenermaßen unvollständigen Versuch in diese Richtung wagen. Viele der hier angeführten Informationen sind zum ersten Male veröffentlicht worden. Wir haben sie vor Ort, in fernen Ländern, bei anderen Völkern, von Hobbysammlern und professionellen Fossilienjägern bekommen. Wir haben sie mit den Daten in der relevanten Literatur verglichen und ergänzt und lexikalisch angeordnet. Wir freuen uns immer über neues Material und hoffen, auch in Zukunft diesen faszinierenden Bereich in der Menschheitsgeschichte näher beleuchten zu können.

DIE ZAUBERSTEINE VON A BIS Z

Die in den verschiedenen Kulturen und zu verschiedenen Zeiten gebräuchlichen Zaubersteine sind im Lexikonteil nach ihren wichtigsten und bekanntesten Namen geordnet. Nach dem Lexikoneintrag erfolgt eine Auflistung der Synonyma, bzw. der weiteren volkstümlichen und der wissenschaftlichen Bezeichnungen. Bei Mineralien kommt eine kurze mineralogische Beschreibung hinzu; bei den Fossilien werden wissenschaftliche Namen und systematische Zuordnung angegeben. Am Ende jedes Eintrages finden sich weitere Literaturangaben, die in der Bibliographie aufgelistet sind. Synonyme, wissenschaftliche Bezeichnungen und Fachtermini sind im Index verzeichnet.

Abkürzungen

Bio. = Biologie; biologisch
Fam. = Familie
Geo. = Geologie; geologisch
Min. = Mineralogie; mineralogisch; min. Beschreibung
Lit. = Literaturhinweis(e)
Ord. = Ordnung
Syn. = Synonym(e); volkstümliche oder wissenschaftliche Bezeichnungen

ACHAT

Syn.: Achates, Adlerstein, Echiten
Min.: SiO_2, Faserquarz

Der Achat war bereits im Altertum gut bekannt. Er kommt in Form von Geoden, meist kugeligen Aggregaten (Achatkugeln, Achatnieren, Achatmandeln, Achataustern) vor. Es gibt eine Reihe von Achatarten, die wegen ihrer Erscheinung eigene Namen tragen: Augenachat, Bandachat, Baumachat, Festungsachat, Korallenachat, Landschaftsachat, Moosachat, Sternachat, Trümmerachat, Wolkenachat. Schwarzer, schwarz-weiß oder braun-weiß gebänderter Achat wird meist Onyx genannt (vgl. *Edelsteine*).

Der Achat diente schon früh zur Herstellung von Gemmen (auch Abraxasgemmen). Den zu Perlen geschnittenen Achaten wurden allgemein Schutzwirkungen zugeschrieben. Männern wurde empfohlen, den Stein zu tragen, wenn sie in den Frauen Liebe erwecken wollten.

Im Mittelalter wurden bestimmte Achatgeoden, vornehmlich hohle, die eine lockere Füllung oder Wasser (sogenannte *Enhydros*) enthielten, als Adlersteine bezeichnet. Sie hatten eine starke Zauberkraft und einen mythischen Ursprung. KONRAD VON MEGENBERG beschreibt diese Zaubersteine in seinem *Buch der Natur* (14.Jh.):

„Von dem Echiten / Adlerstein. Echites ist ein stein den bringt der Adler von fernen landen in sein nest / wann der Adler weyß von natur wol das der stein ein sicherheit unnd ein schirm ist seinen kinden / dann des Adlers eyer verdürben von übriger hitz legt er den stein dazwischen.

Abb. 3: Ein Adler trägt die Echiten im Schnabel. (Aus *Hortus Sanitatis,* 1509)

3: Medizinthangka, auf dem alle magisch-medizinisch genutzten Steine der tibetischen Pharmakopöe abgebildet sind. (Gemalt von dem Newar-Künstler Surendra; Sammlung Guhr)

4: Rote Koralle, ein weltweit magisch genutzter „Stein". (Sammlung und Foto: Rätsch)

Der stein ist rotfarb als ein margran apfel / und ist hol unnd hat ein klein stein in im der schlottert inwendig. Er hilfft den schwangern frawen kreftiglich das in die geburt nit abgehe / oder das sie nit not leiden mit dem gebern. Er wil auch das mann in trag an der lincken seiten / er macht die leut messig an trincken und macht sighafft. Er meret auch den reichtumb und bringt genad / und er sicheret auch und bewaret die kind vor schaden."

Aus einigen Achaten wurden auch die vor dem Bösen Blick schützenden *Augensteine* (siehe dort) gefertigt.

In Indien, Nepal und Tibet stehen Perlen, die aus enggebändertem Achat geschnitten sind, hoch im Ansehen. Sie gelten als Amulette, die Glück und Kraft bringen und die das Leben verlängern können (vgl. *dZi-Steine*).

Lit.: GUHR und NAGLER 1989, LÜSCHEN 1979, WEIHRETER 1988.

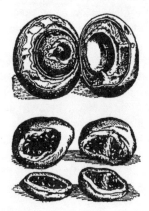

Abb. 4: Darstellung von Limonitkonkretionen, die auch als Adler- oder Klappersteine gelten. (Aus DE BOOT, 1647)

AMETHYST

Min.: SiO_2, trigonal

Diese grobkristalline Modifikation der Quarzgruppe mit violetter Färbung wird zwar auch in Marokko, Gambia, Uruguay, Ural, Idar-Oberstein und Sri Lanka gefunden, das heutige Hauptvorkommen ist aber in Brasilien. Amethyst kommt meist in Form von Drusen oder Gangfüllungen vor. Drusen mit kleinen Kristallspitzen sind sehr häufig. Große, lange prismatische Kristalle sind dagegen sehr selten.

Sein Name deutet seine in der Antike angenommene Wirkung an. Das Wort *amethyein* heißt soviel wie „nicht betrunken". Man glaubte, daß der dem Bacchus/Dionysos geweihte Stein vor der Trunkenheit bewahrt und vor der Trunksucht schützt. Darum wurde Wein gerne aus Amethystbechern getrunken. Ob diese in der Literatur übliche Deutung zutrifft ist zweifelhaft. Der griechische Wein wirkte nicht nur durch seinen Alkoholgehalt, sondern vielmehr durch seine psychotropen Zusätze (magische Pflanzen wie Alraune, Bilsenkraut oder Opium). Es liegt daher näher, einen Zusammenhang zwischen den magischen Wirkungen des Weines und denen des Amethystes zu suchen. Die Ursprungssage des Amethyst ist mit den Ursprungssagen der psychotropen Pflanzen deckungsgleich. Diana/Artemis hat eine geliebte Nymphe des Dionysos/Bacchus aus Eifersucht zu Stein, nämlich in den Amethyst, verwandelt. Ähnlich wurden andere Nymphen in die entsprechenden Pflanzen verwandelt. Es liegt nahe, zu vermuten, daß sich die Zauberkräfte von Stein und Wein gegenseitig beeinflussen sollten. Dabei ist zu beachten, daß oft der Gebrauch von Zaubersteinen mit der Einnahme bewußtseinsverändernder Substanzen verbunden ist.

In der malayischen Magie wird der Amethyst als Zauberstein verwendet. Er heißt *batu kecubong*, „Stechapfel-Stein", und steht mit der psychotrop wirksamen *Datura fastuosa* in Zusammenhang.

Dem Amethyst wurde eine allgemeine Schutzwirkung zugeschrieben. Er solle böse Gedanken und Nachtgespinste vertreiben, die Verbindung zum Kosmos herstellen, und bei Kopfschmerzen, Migräne und Neuralgien wunderbare Heilkräfte entfalten.

In Indien werden aus Amethyst Amulette in Form kleiner Götterfiguren (meist Ganesha) hergestellt. Die indischen Buddhisten haben ihn dem Buddha geweiht.

Im alten Amerika wurde Amethyst sicherlich als Zauberstein benutzt. Leider fehlen genauere Angaben in den Quellen.

Lit.: GIMLETTE 1981, GUHR und NAGLER 1989, MÜLLER-EBELING und RÄTSCH 1986.

AMMONITEN

Syn.: Ammonshörner, Argonautea, Berghörner, Büffelsteine, Drachensteine, Cornua ammonis, Götterräder, Goldräder, Goldschnecken, Kammerschnecken, Katzenpfötchen, Monde, Nautili, Ophiten, Saligrame, Scherhörner, Schlangensteine, Schnecken, Schneckle, Siegsteine, Silberschnecken, Sonnensteine, Steinschnecken, Wundersteine, Ziegenhörner, Zieherhörner

Pal.: Stamm *Mollusca,* Klasse *Cephalopoda,* Ord. *Ammonoidea;* Devon bis Oberkreide; weltweite Verbreitung.

Als Ammoniten werden die fossilen Überreste urweltlicher, schalentragender Tintenfische *(Cephalopoda),* bezeichnet. Meist sind es planspiralig aufgerollte gleichmäßig gekammerte Gehäuse, die in ihrer Struktur und dem Schalenbau der noch heute lebenden *Nautilus* („Lebendes Fossil") ähneln. Ammoniten sind im Erdaltertum erstmals in Erscheinung getreten, haben in dem Jura ihre höchste Entwicklung und Verbreitung gefunden und sind zum Ende der Kreidezeit parallel zu den Dinosauriern aus heute noch ungeklärten Gründen ausgestorben. Ammoniten lebten in allen Zonen der urweltlichen Meere und konnten dank ihrer gekammerten Schalen frei schwimmen. Sie ernährten sich vermutlich hauptsächlich von anderen Tieren oder von Aas. Vermutlich hatten sie acht bis zehn Fangarme, die denen der modernen Kraken gleichen.

Fossilien von Ammoniten findet man in allen Teilen der Welt. Zum Teil sind sie sehr zahlreich. Schöne Exemplare sind allerdings selten. Ammoniten mit Erhaltung der originalen Perlmuttschale gehören zu den gesuchtesten Sammelobjekten. Besonders auffällig sind die Ammonitenfossilien, bei denen die Kammern mit Mineralien (Pyrit, Hämatit, Baryt, Chalcedon) ausgefüllt oder mit Kristallen (Aragonit, Calcit) ausgekleidet sind.Berühmte Fundstellen für Ammoniten sind die Schwäbische Alb, die Black Hills in South Dakota und die japanische Insel Hokkaido. Da Ammoniten durch Erosion zutage tretender Schichten oft als Oberflächenfunde vorkommen, gehören sie zu den ältesten bekannten Fossilien. Sie sind schon vor mehr als 30.000 Jahren von den Steinzeitmenschen gesammelt und vermutlich magisch-religiös verehrt worden. Bei den Ausgrabungen in verschiedenen Höhlen (Kesslerloch, Rudstone, Vogelherd-Höhle) wurden komplette oder unvollständige, mitunter bearbeitete oder perforierte Steinkerne gefunden. Sicherlich wurden diese Steine als Anhänger, wohl mit Amulett- oder Talismancharakter, getragen.

Die vermutlich früheste Beschreibung stammt von dem römischen Naturkundler PLINIUS DEM ÄLTEREN (23–79 n.Chr.). Er beschrieb diese faszinierenden Steine wie folgt:

„Cornua Ammonis [die Hörner des Amun] zählen unter die heiligsten Steine Äthiopiens. Von goldener Farbe, das Bild eines Widderhorns zeigend, erregen sie weissagerische Träume." *(Hist.Nat.*37)

Ob die Bezeichnung *Cornua Ammonis* schon vor PLINIUS gebräuchlich war läßt sich nicht belegen, ist aber wahrscheinlich, da seine Aussagen meist auf älteren Vorlagen beruhten. Seit PLINIUS werden jedenfalls diese Fossilien „Ammonshörner" oder „Ammoniten" genannt. Der altägyptische Gott Amun wurde von den griechischen oder römischen Autoren Ammon genannt; er wurde mit Zeus-

Jupiter gleichgesetzt. Er wurde meist als Mensch mit zwei Widderhörnern dargestellt. Die Ähnlichkeit zwischen Widderhörnern und Ammoniten mag PLINIUS oder dessen Vorgänger zu seiner Namensgebung veranlaßt haben. Da Amun/Ammon der Gott der Weissagung und Prophetie war, scheint PLINIUS einen Kult mit „goldfarbenen", d.h. vermutlich pyritisierten Ammoniten oder Nautili angedeutet zu haben (vgl. *Goldschnecken*). Der Orakelgott Amun wurde besonders in der berühmten Orakelstätte Siwa oder Sekhetam, das Palmenland, verehrt. Dieser Ort wurde durch Alexander den Großen berühmt und galt im Altertum neben Delphi und Dodona als beste Orakelstätte. Siwa war eine Oase in der libyschen Wüste, die von den Griechen Ammonium genannt wurde. Sie wurde von Diodor genau beschrieben:

„Die Bewohner der Amun-Oase wohnen in Dörfern; inmitten der Oase liegt die Burg, die mit dreifachen Mauern befestigt ist. Von dieser umschließt die erste Umfassungsmauer das Schloß der alten Fürsten; die zweite den Frauenhof, die Wohnungen der Kinder, der Weiber und Verwandten, sowie die Wachtlokale der Besatzung, endlich die Kapelle der Gottheit und die heilige Quelle, an der die Opfer für den Gott gereinigt werden; die dritte die Baracken für die Soldaten und die Wachtlokale für die fürstliche Leibgarde. Außerhalb der Burg liegt in nicht zu weiter Entfernung ein zweiter Tempel des Amun im Schatten zahlreicher großer Bäume. In seiner Nähe befindet sich eine Quelle, die wegen ihrer Beschaffenheit die ‚Sonnenquelle' heißt." (XVII 50, 3, 4) Weiterhin berichtet Diodor (XVIII 50, 6) als auch Curtius Rufus (IV, 7, 23) daß im Inneren des Orakeltempels von Siwa kein künstlich gefertigtes Amun-Idol aufgestellt war. Dort stand nur ein „merkwürdiger Fetisch" aus Stein, der an ein Ei erinnerte. Er war mit Smaragden und „anderen → *Edelsteinen*" behängt. Vielleicht war dieser Stein ein Ammonit; möglicherweise galt er als die andere Hälfte des delphischen → *Omphalos*. Einen ähnlichen Steinfetisch hat es auch in dem Amun-Tempel von Napata, der Hauptstadt Äthiopiens gegeben. Ob die von den Priestern in der Oase Ammonium oder Siwa in der libyschen Wüste benutzten Steine zur Induktion einer prophetischen Trance genutzt wurden ist ungewiß, aber durchaus möglich. Ob es tatsächlich Ammoniten waren, wie PLINIUS bezeugt, ist ungewiß. Allerdings sind Ammoniten in der libyschen Wüste, in der östlichen Wüste und in Äthiopien recht häufig. Dort gibt es noch heute pyritisierte, oft mit einer Limonitschicht überzogene, und dadurch goldfarbene Ammoniten und Nautili als Verwitterungsprodukte im Wüstensand zu finden. Es wurde allerdings darauf hingewiesen, daß die angenommene Ähnlichkeit zwischen Widderhörnern und Ammoniten nicht so groß sei, und daß sich die antike Bezeichnung auf ein anderes Fossil aus der östlichen Wüste bezieht. Es gibt eine große, bis zu 25 cm hohe Schneckenart, *Natica ammonis*, aus dem

Eozän, die häufig als Steinkern aus dem weichen Muttergestein herauswittert und eine frappierende Ähnlichkeit mit einem Widderhorn aufweist. Diese Fossilien werden noch heute von der ägyptischen Bevölkerung als *Arn el Ǧebel*, → *„Berghörner"*, bezeichnet. Solange keine weiteren Quellen oder archäologischen Entdeckungen in bezug auf den Fossiliengebrauch bei den alten Ägyptern auftauchen, bleibt die Frage nach den *Cornua Ammonis* ungeklärt. Sicher ist, daß Fossilien im alten Ägypten als magische Steine Verwendung fanden (vgl. *Berghörner, Haifischzähne, Versteinertes Holz*). Johan Jakob BAIER (1677-1735) hat in seiner *Orytographica Norica* noch auf den antiken Kult hingewiesen:

„Den Reigen der Einschaler aus unserer Gegend, die Umgänge oder Windungen tragen, führt das Ammonshorn an, eine Gattung des Figurensteins, welche so benannt ist, weil sie in sich zusammengerollt und eingekrümmte Windungen besitzt, gleich dem Horn des Widders, womit ausgestattet die Heiden ihren Jupiter Ammon darstellten."

Der Zeitgenosse und Botaniker Antoine de JUSSIEU stellte im 18. Jahrhundert die Theorie auf, daß alle Ammoniten bei der Großen Flut von der Oase Ammonium in alle Welt, besonders nach Europa geschwemmt worden sind. Somit wohne in allen Ammoniten die altägyptische Zauberkraft.

Fast in allen Erdteilen gibt es Traditionen, die sich auf Ammoniten beziehen. Die Zentren eines kultischen, rituellen oder magischen Gebrauches von

Abb. 5: Altgriechische Bündnismünze, die den Gott Jupiter Ammon darstellt.

Ammoniten sind in Mitteleuropa, England, Nordamerika, Papua-Neuguinea, im Himalaya und Japan zu finden. Fast überall wird den Ammoniten eine schützende, heilende oder spirituelle Zauberkraft zugeschrieben. Manche Ammoniten werden nicht nur als Zaubersteine benutzt, sondern als Götter verehrt (→ *Saligrame, Shiva-lingam*). Andere sind heilige Objekte (→ *Suiseki*). In Europa werden verschiedenste Ammoniten (z.B. *Dactylioceras athleticum, Amaltheus margaritatus, Pleuroceras spinatum* [=„Ziegenhörner"], *Arietites*) seit dem Jungpaläolithikum als schützende Schmuckanhänger, als Talismane, als Hausschutz, Zauberzeichen und Zaubersteine benutzt: → *Drachensteine, Goldschnecken, Katzenpfötchen, Schlangensteine*. In der Fränkischen und Schwäbischen Alb wurden Ammoniten *(Perisphinctes, Arietites)* als Glücksbringer in die Hausmauern eingelassen. In Berching ist ein Ammonit aus dem Jura in einem Turm des Stadttores eingemauert. Im Breisgau wurden Ammoniten als Blitzschutz im Gebälk angebracht. In vorchristlicher Zeit wurden Ammoniten auch in England (vgl. *Schlangensteine*) und Deutschland zum Orakeln verwendet. VALENTINI hat in seiner Natur- und Materialienkammer ein Rudiment dieses Kultes beschrieben:
„Viele aber dergleichen Hörner in Stein gehauen siehet man in der benachbarten Reichs-Stadt Wetzlar / an einem alten Heidnischen Thurm nebst an der Kirche / welchen sie insgeheim dorten die Steerenburg nennen / auch ein groß vergittertes Loch darin zeigen / wo das Oraculum heraus geredet haben soll."
Johann Philipp CHELIUS hat in seiner Stadtgeschichte von 1664 genaueres dazu geschrieben:
„(Dort) ein Heydnisches Oraculum aufgerichtet gestanden / ist auch der alte Heydnische Thurm allernechst fornen unter den Glocken / am Eingang der jetzigen Hauptkirche / mit einem neuen Helm oder Dach / biß noch bedeckt zu sehen / woran der Abgott / nemlich ein steinerner Stern-Kopff (rectius STIERN-Kopff) außgehauen gestanden / welcher also aptiert und gemacht gewesen / daß er sich in etwas bewegen können / aber vor etlich und Zwanzig Jahren / tempore Belli, durch die Soldaten muthwillig abgeschlagen worden." All diese Quellen lassen vermuten, daß es bei den Germanen einen einheimischen Ammonitenkult mit dem Orakelwesen verbunden gegeben hat.
Ammoniten waren bei vielen nordamerikanischen Indianern geschätzte Zaubermittel. Die Sioux-Indianer (Dakota) haben manchmal kleine herausgewitterte, kreidezeitliche Ammoniten (meist Scaphiten; *Hoploscaphites, Discoscaphites, Acanthoscaphites*) oder Nautili (*Eutrephoceras dekayi*) als Zaubermedizin (*wotawes*) in ihren Medizinbeuteln getragen oder in den Medizinbündeln verstaut. Manchmal sind auch die herausgewitterten Kammerfüllungen von *Baculites* und *Placenticeras* benutzt worden (vgl. *Büffelsteine*). Wenn die

Indianer Ammoniten mit Perlmuttschalenerhaltung *(Scaphites, Baculites, Didymoceras, Sphenodiscus)* gefunden haben, sind sie in kleine Stücke, passend für ihre ledernen Medizinbeutel, zerbrochen worden. Das Tragen solcher Zaubersteine sollte eine heilsame Wirkung auf den Träger bewirken. Obwohl die Ammonitengattungen Nordamerikas paläontologisch genauestens erforscht wurden, ist doch der kulturelle Gebrauch nur sehr dürftig dokumentiert und stellt ein noch offenes Forschungsfeld dar. Genauso wenig erforscht ist der magische Ammonitengebrauch in den kolumbianischen Anden oder bei den Eipo auf Papua-Neuguinea. Möglicherweise sind die Todessteine, bei deren Anblick der Betrachter sterben muß, Ammoniten. Die Fruchtbarkeitssteine, mit denen Impotenz und Sterilität geheilt und die als Aphrodisiaka geschätzt werden, sind vermutlich ebenso Ammoniten. Es gibt zwar Hinweise auf den Gebrauch von devonischen Ammoniten *(Goniatites, Clymenia)* in Marokko, allerdings ist auch hierzu nichts Genaueres bekannt. Unter australischen Zaubersteinen (→ *Seelensteine*) wurde ein Ammonitenbruchstück *(Myloceras;* Perm) gefunden.

Ammoniten sind sicherlich zu allen Zeiten die faszinierendsten und begehrtesten Fossilien gewesen. Sie erfreuen sich noch heute einer großen Beliebtheit bei Sammlern, Laien und Wissenschaftlern. Es wurde mehrfach angenommen, daß die Magie der Spirale die Ammoniten zu derart verehrten Zaubersteinen gemacht hat (vgl. *Wirbelsteine*). Die Spirale hat eine in allen Kulturen bekannte Wirkung auf das menschliche Bewußtsein. Sie stellt den Kontakt zu einer

Abb. 6: Ammonshorn (links) und Schlangenstein (rechts). (Aus GESNER, 1565)

kosmischen Ordnung her, zeigt den Weg aus dem Nichts in die Ewigkeit, symbolisiert die Schöpfung und Entwicklung des Lebens, ja des gesamten Universums.

Lit.: ABEL 1939, BLANCKENHORN 1901, EDWARDS 1967, FILLIPETTI und TROTEREAU 1979, HAGN 1977, HEBEISEN 1978, KLEMM 1981, LEHMANN 1987, LEHMANN und HILLMER 1988, PURCE 1988, RÄTSCH 1989, REESIDE 1927, RICHTER 1982, RUDWICK 1976, VANDENBERG 1979.

ARTEFAKTE

Syn.: Altertümer, Steinwerkzeuge, Zeremonialäxte

Oft werden steinzeitliche Werkzeuge als Oberflächenfunde entdeckt. Die meisten Völker, die gelegentlich solche Funde machen, halten die Steinwerkzeuge für Überreste göttlicher Tätigkeit. Entweder waren es einst die Waffen, die von den Göttern im Kampf gegen die Dämonen benutzt wurden und auf der jungen Erde zurückblieben, oder sie werden als → *Donnerkeile* gedeutet. Universal verbreitet ist der Gebrauch prähistorischer Artefakte als Zaubersteine. Meist werden sie dazu geweiht, beschworen und eingefaßt. Diese Zaubersteine sollen aufgrund ihrer Abstammung und ihrer Gestalt als allgemein unheilabwehrend und dämonentötend wirken. Dieser Brauch ist weltweit nachzuweisen.

Zum Teil wurden in prähistorischer Zeit aus Stein Zeremonialäxte hergestellt, die den Fluß- und Wassergöttern als Weihegaben geopfert wurden. Solche Zeremonialbeile sind aus Europa und Amerika gut bekannt.

Lit.: HAGN 1979, PACHINGER 1912, YEAGER 1986.

AUGENSTEINE

Syn.: Agstein, Ackstein, Augstein

Es werden viele verschiedene Steine als Augensteine bezeichnet. Meist sind es Steine, die durch ihre natürliche Struktur oder durch bewußte Bearbeitung an ein Auge erinnern. Oft wurden sie aus *Achat* oder *Obsidian* (siehe dort) hergestellt. Es können auch künstlich hergestellte Perlen sein (vgl. *dZi-Steine*) oder auch *Katzenaugen* (siehe dort). All diesen Augensteinen ist die gleiche Wirkung zu eigen. Sie wehren den Bösen Blick und dessen unheilvolle Auswirkungen ab. Dazu sollen sie als Amulette oder als Amulettschmuck getragen werden. Diese Vorstellung ist weltweit zu beobachten.

Eigenartig ist die im Mittelalter entstandene Vorstellung vom Augstein, der von einem Baum tropft (vgl. *Bernstein*).

5: Rohtürkis aus Arizona. (Sammlung Rätsch)

6: „Goldschnecke" *Macrocephalites* aus dem Dogger von Bamberg. (Sammlung Guhr)

7: Ein aus Bergkristall geschnittener tibetischer Dorje, „Donnerkeil", der der Krankenheilung dient. (Sammlung Guhr)

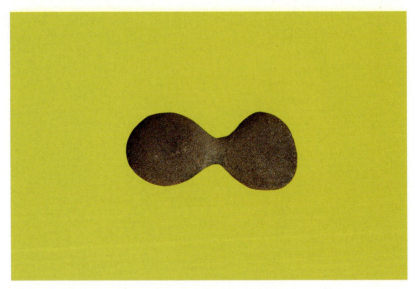

8: Ein „weiblicher" Boji-Stein aus Kansas. (Sammlung Rätsch)

Im alten Peru wurden → *Meteorite* als Grabbeigaben verwendet. Heute suchen die peruanischen Schamanen diese Zaubersteine in den alten Gräbern. Sie werden *Piedra Ojo*, „Augensteine", genannt und dienen der Heilung von Augenkrankheiten, die durch Dämonen verursacht wurden. In dem Stein wird die Kraft des göttlichen „Himmelsauges" gesehen.

Lit.: DUBIN 1987, LÜSCHEN 1979, SHARON 1980.

Abb. 7: Der Augstein tropft vom Baum. (Aus *Hortus sanitatis*, 1509)

AZURIT

Syn.: Armenischer Stein, Armenium, Bergblau, Blaustein, Caeruleum, Cyanos, Kupferblau, Kupferlazur

Min.: $Cu_3[OH|CO_3]_2$, monoklin

Azurit kommt oft in Zusammenhang mit *Malachit* (siehe dort) vor. Meist ist er in knolliger Form vorhanden.

Im Altertum wurde er bereits zu Farben zermahlen (Lasurblau). Sowohl in dem tibetischen Kulturkreis als auch bei den Navajo-Indianern gehört er zu den heiligen Steinen, aus denen die zauberkräftigen *Steinfarben* (siehe dort) gewonnen werden. Als Zauberstein an sich hat der Azurit keine große Bedeutung erlangt.

Lit.: LÜSCHEN 1979, O'DONOGHUE 1977.

BELEMNITEN

Syn.: Albenstein, Albschoß, Albschoßsteine, Alpfescht, Alphenstein, Blitzstein, Ceraunia, Coracias, Dactylus Idaeus, Donarsteine, Donnerkegel, Donnerkeile, Fingerstein, Gallierdolche, Galützelstein, Gespensterkerzen, Gewittersteine, Hämmerle, Hexenpfeile, Hexenschuß, Hexenschußstein, Jaculum, Lapis corvini, Lapis fuminaris, Lapis Idaeus, Lapis lyncis, Luchssteine, Lyncurium, Mahrenzitzen, Mohrenzitzen, Marezitze, Ottertött, Otterzitzen, Phallussteine, Pfeilstein, Pillerstein, Rabensteine, Rappenkegel, Rappensteine, Sagitta, Schoßstein, Schrecksteine, Shiva-lingam, Spectrorum candela, Stechehörndli, Steinfinger, Steinzitzen, Strahlstein, Tappenstein, Telum, Teufelsfinger, Teufelshörner, Teufelszehe, Tonitrui coneus

Pal.: Stamm *Mollusca*, Klasse *Cephalopoda*, Ord. *Belemnitida*; Unterer Jura bis Obere Kreide.

Belemniten sind Tintenfische, die im Mesozoikum die Meere in großer Zahl bevölkerten. Sie starben am Ende der Kreidezeit zusammen mit den Dinosauriern und *Ammoniten* (siehe dort) aus. Es waren langgestreckte, zigarrenförmige 1–5 m lange freischwimmende Hochseebewohner. In ihrem Körper lag ein kalkiges Hartteil (Rostrum oder Schulp), das am Ende pfeilförmig zulief. Diese Hartteile dienten der Stabilisierung der Tiere. Sie enthielten vermutlich wie die Schulpe der heutigen Tintenfische *(Sepia officinalis)* luftgefüllte Kammern und ermöglichten dem Tier das schwerelose, freie Schwimmen. Diese Rostren gehören in manchen Ablagerungen zu sehr häufigen Versteinerungen („Belemnitenschlachtfelder"). Sie sind weit verbreitet in den Juragebieten und den Schreibkreide-Schichten Nordeuropas. Sie sind die auffälligsten und häufigsten Geschiebefossilien.

Von dem großen Paläontologen Friedrich August QUENSTEDT stammt der vielzitierte Ausspruch: „Es gibt kein Petrefakt, dem namentlich das Deutsche Volk solche Aufmerksamkeit zugewendet hätte, als die Belemniten." (1849) Diese Aufmerksamkeit liegt aber hauptsächlich in den volkstümlichen Namen der Fossilien, weniger in deren magischem Gebrauch. Der wissenschaftliche Name Belemnites kommt aus dem Griechischen und bedeutet „das Geschleuderte, der Blitz". Kulturell genutzt werden Belemniten seit der Bronzezeit.

Die in der Schreibkreide Rügens sehr häufigen Belemniten *(Belemnitella mucronata)* haben ein goldgelbe Farbe und geben beim Zerreiben einen bituminösen Geruch ab. Diese häufigen Fossilien werden noch heute in Norddeutschland als *Donnerkeile* (siehe dort) bezeichnet. Sie gelten als Geschosse des kräftigen Donnergottes Donar/Thor, die er mit seinem Hammer durch die Wolken auf die Erde treibt und so den Blitz erzeugt. Donar/Thor ist in der nordischen Mythologie der Gott, der dank seiner unermeßlichen Körperkraft in den verschiedenen Welten erfolgreich gegen die Riesen und Ungeheuer gekämpft hat. Er wird meist ithyphallisch seinen Hammer schwingend dargestellt. Die Donnerkeile sollten sieben Klafter tief in den Boden geschlagen worden sein. Jedes Jahr aber dringen sie um einen Klafter höher, bis sie nach sieben Jahren die Erdoberfläche erreichen. Dort können sie dann gefunden werden. Sie waren Zaubersteine, die mit der Kraft des Gottes aufgeladen waren und allgemein als unheilabwehrend galten. Sie wurden zur Abwehr von Dämonen und zum Schutz des Hauses vor dem Blitz auf die Fensterbänke gelegt. Sie waren früher ein beliebtes Heilmittel, das aufgrund seiner Popularität in keiner Apotheke fehlen durfte (*Helminthilitus belemnites;* vgl. *Luchssteine*). Aufgrund ihrer phallischen Gestalt dienten sie als Aphrodisiaka und Liebeszauber.

In den südlicheren Gebieten kommen Belemniten *(Megateuthis, Dactyloteuthis, Cuspiteuthis, Salpingoteuthis, Hastites)* meist als geschoßförmige Versteinerungen vor. Sie galten als zu Stein gewordene Geschosse der Alben und Hexen. Nach den Regeln des Analogiezaubers konnten sie die Albschüsse oder Hexenschüsse abwehren und waren bei derartigen Krankheiten das angezeigte Heilmittel. AGRICOLA beschrieb diesen Zusammenhang als erster: „Der Belemnites zeigt die Gestalt eines Pfeiles. Deshalb benennen es die Sachsen mit

Abb. 8: Der phallische Hammergott Donar/Thor. (Nach einer nordgermanischen Felszeichnung)

einem aus Alp (ephialtes) und Geschoß (sagitta) zusammengesetzten Wort und sie sagen, im Trank helfe er gegen derartigen Druck und Nachtspuk und wirke gegen Behexungen."

Manche Belemniten (*Duvalia lata*) haben eine rundere Gestalt, die entfernt an eine Kuhzitze erinnert. Solche schwarzen Belemniten wurden in Ostpreußen Mahrenzitzen genannt, und mit den schwarzen, schlauchförmigen Brüsten der dämonischen Mahren (Nachtmahre, Albdrücken) assoziiert. Sie wurden als Zaubersteine bei Brustleiden und Schutzmittel für stillende Mütter benutzt. Es herrschte der Glaube, daß durch einen Schreck – durch einen Dämonen verursacht – die Milch plötzlich ausbleiben würde. Ein um den Hals getragener Belemnit konnte diesen Schrecken abwehren. War der Schrecken erst einmal eingetreten, wurde etwas Pulver vom Belemniten geschabt und aufgeschwemmt oder in Essig gelöst eingenommen. In den alten Baseler Apotheken wurden schwarze Jura-Belemniten als Medizin gegen das Albdrücken verkauft.

Eigenartigerweise sind Belemniten bei anderen Völkern wenig bekannt. Das liegt in erster Linie daran, daß es keine großen außereuropäischen Vorkommen gibt. Denn nur häufig zutage tretende Fossilien konnten die kulturelle Aufmerksamkeit erregen. Wenige Belemnitenvorkommen finden sich in den kreidezeitlichen Schichten der arabischen Wüste und im Himalaya.

Möglicherweise lagen den alten Ägyptern Belemniten vor, als sie die Hieroglyphen mit dem Lautwert *hm* entwickelten. Diese Zeichen erinnern stark an Belemniten und erscheinen in den frühen Inschriften des Gottes Min, der eine Vorform des Donnergottes Amun war (vgl. *Ammoniten*). Somit wäre auch im alten Ägypten die Verbindung zwischen Belemniten und den Gewitterphänomenen gesehen worden.

Abb. 9: Altägyptische Donnerkeil-Hieroglyphen.

In Nepal und Indien werden Belemnitenrostren (von *Belemnopsis gerardi*) aus den Spiti-Schiefern des Himalaya als Inkarnationen verschiedener Götter betrachtet und als phallische Fruchtbarkeitsspender und Liebeszauber verwendet (vgl. *Saligrame, Shiva-lingam*).

Lit.: ABEL 1939, LEHMANN und HILLMER 1988, RICHTER 1981, VAVRA 1987.

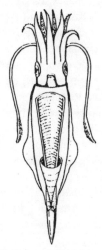

Abb. 10: Rekonstruktion eines lebenden Belemniten; im Inneren sieht man das kalkige Rostrum.
(Zeichnung: Sebastian Rätsch)

BERGHÖRNER

Syn.: Ammoniten, Arn el Ğebel, Schnecken
Pal.: Fossilien allgemein; Mollusken insbesondere.

Im heutigen Ägypten werden Fossilien allgemein *Arn el Ğebel*, „Berg-Hörner", genannt. Ob diese Bezeichnung altägyptischen Ursprungs ist, ist ungeklärt. Meist werden die herausgewitterten Steinkerne von eozänen Schnecken *(Natica ammonis)*, kreidezeitlichen Ammoniten *(Leoniceras, Tissoti)* und triassischen Nautiliden als Hörner beschrieben. Es ist sicher, daß die Berghörner schon in alten Zeiten als Zaubersteine benutzt wurden. Ob sie die *Ammoniten* (siehe dort) waren, die den Orakelpriestern des Amun zur Induktion einer prophetischen Trance dienten, ist möglich.

Lit.: KUMMEL 1960.

BERGKRISTALL

Syn.: Berg-Eis, Crystallos, Herkimer Diamanten, Kristall, Quarz, Quarzkristall

Min.: SiO_2, trigonal; wichtigstes Mineral der Quarzgruppe.

Die großen, „kristallklaren", spitz zulaufenden Bergkristalle kommen meist in Drusen, Spalten und Hohlräumen vor. Es gibt sie fast in allen Teilen der Welt. Klare Doppelender, daß heißt Kristalle mit zwei Spitzen, sind selten und sehr gesucht. Der Bergkristall ist sicherlich das bekannteste Mineral. Er wurde in allen alten Kulturen als Zauberstein benutzt und genießt auch heute noch bei Schamanen und Zauberern außereuropäischer Völker ein hohes Ansehen.

Im Altertum glaubte man, er sei so fest gefrorenes Eis, daß er nicht mehr auftauen könnte. Nach anderen Vorstellungen ist er Sitz von Berggeistern oder Göttern. Er wird als geheimnisvoller Kraftspender und Energielieferant betrachtet. Die Heilkundigen aller alten Kulturen nutzten seine zuerkannten positiven Strahlungen zur Heilung von Krankheiten und zur Vertreibung von Dämonen. „Die Form des Bergkristalls spielt bei seiner Heilwirkung eine große Rolle. Eine Pyramidenform mit spitzem Ende ist besonders wirksam, um gebündelt und zielgerichtet die positive Strahlung des Kristalls auf erkrankte Stellen richten zu können. Die Strahlung kann so am besten in den Körper eindringen und für eine ‚innere Harmonie' sorgen" (GUHR und NAGLER 1989: 86).

In einer antiken Hymne, die von Orpheus stammen soll, wird ein Ritual beschrieben, in dem Bergkristall zum Zaubern verwendet wird:

> Nimm in die Hände den Kristall,
> den unvergleichlichen, strahlenden Stein.
> Der Himmelsstrahlen Licht
> ist in diesem Wunderstein eingeschlossen.
> Seine unirdische Durchsichtigkeit
> erfreut die Herzen der Götter.
> Kommst du in den heiligen Tempel mit dem Kristall in der Hand,
> Wird der Himmel deine unterwürfige Bitte erhören.
> Höre jetzt und erkenne des Steins zauberhafte Kraft.
> Willst du die Flamme löschen,
> ohne das zerstörende Feuer zu fürchten?
> So stelle denn den Kristall vor die geteerte Wurzel:
> Fällt der Strahl der Sonne auf den Kristall
> und widerspiegelt ihre Hitze,
> So scheint er, den Kristall durchdringend,

blendend hell auf die Wurzel,
Wonach Sonnenstrahl und Teer, sich vereinigend, Rauch bilden
Und dann ein Flämmchen, dem die allesbesiegende Flamme folgt.
Das wunderbare Feuer, das zu uns kam
von den ersterschaffenen Höhen.

Bergkristall gehört fast überall zu den heiligen Steinen (vgl. *Edelsteine*). Kristallspitzen dienten nord- und südamerikanischen Indianern oft als Lippen- oder Ohrenpflöcke, gehörten zu den Zaubermitteln der afrikanischen Fetischpriester, den Divinationssteinen der Tibeter und den beliebtesten Amuletten. Viele Völker steigern die Zauberkräfte des Bergkristalls durch eine gezielte Bearbeitung. Im Königreich Siam wurden Mohnkapseln in Bergkristall geschnitten. Wahrscheinlich wurden sie mit Opium zusammen kultisch verwendet. Die Tibeter stellen aus ihm Geisterdolche *(phurba)* und *Donnerkeile* (siehe dort) her, mit denen sie Dämonen und Krankheiten aus den davon Besessenen vertreiben und zerstören. Tantrische Zauberer benutzen in Bergkristall geschnittene *Shiva-linga* (siehe dort) bei ihren Ritualen. Die alten Maya schnitten aus großen Bergkristallen naturgetreue, lebensgroße Nachbildungen menschlicher Schädel, mit deren Hilfe sie Kontakt zu den Göttern und zur Unterwelt herstellen konnten.

Die heutigen Maya-Schamanen benutzen immer noch den *sas tun,* den „leuchtenden Edelstein", als Konzentrationsobjekt während der durch Psychedelika *(Datura inoxia, Turbina corymbosa)* ausgelösten prophetischen Trance. Das Kristallsehen ist auch andernorts verbreitet. In okkulten Zirkeln in Europa, Nordamerika und Asien ist das Divinieren mit Hilfe einer aus Bergkristall geschnittenen Wahrsagekugel weitverbreitet. Neuerdings werden auch Pendel, Pyramiden und *Obelisken* aus Bergkristall geschnitten.

Lit.: EVANS 1976, GUHR und NAGLER 1989, KUNZ 1971, RÄTSCH 1986a und 1986b.

BERNSTEIN

Syn.: Amber, Augstein, Baltisches Gold, Chrysoelektrum, Copal, Deutsches Gold, Elektron, Glaesaria, Glaesum, Sacrium, Saftstein, Sonnenstein, Stein des Nordens, Succinum

Pal.: Fossiles Harz der Bernsteinkiefer *(Pinus succinifera)* aus dem Eozän. Bernstein wird hauptsächlich an der Ostseeküste, dem Bernsteinland der Alten, gefunden. In größeren Mengen kommt er nur noch in der Dominikanischen Republik vor. Dieser Stein, der eine hellgelbe Farbe hat, der meist durchscheinend ist, der auf dem Wasser schwimmt, der durch Reiben elektrische Kräfte entwickelt, erregte sehr die Phantasie der Menschen und war schon im Neolithikum ein begehrter Zauberstein. Ihm wurden durch seine sichtbaren physikalischen Eigenschaften entsprechende Zauberwirkungen zugeschrieben. Man sollte ihn als Amulett tragen oder Räucherwerk verbrennen oder zermahlen oder gelöst als innere Medizin einnehmen. Es gab im Altertum eine Bernsteinstraße von der Ostsee bis nach Südeuropa. Über sie wurde der Bernstein gehandelt und durch sie wurde seine große kulturelle Bedeutung gefördert. Schon früh wurde er trotz seiner Weichheit zu den *Edelsteinen* (siehe dort) gerechnet.

Im Altertum war die Ansicht verbreitet, Bernstein sei aus den Tränen der zu Pappeln verwandelten Heliaden entstanden. Die weinten über die durch Zeus angeordnete Bestrafung, weil sie bei der Zerstörung des Sonnenwagens des Gottes Helios mitschuldig waren (von dieser Mythe wurde vielleicht die Deutung des Bernsteins als *Augenstein* abgeleitet; siehe dort). Der Bernstein war also göttlicher Abkunft und daher zauberkräftig. Er wurde als starkes Schutzamulett getragen. PLINIUS berichtet, daß der Bernstein „in jedem Alter gegen den Wahnsinn helfe, sowie gegen Harnbeschwerden, mag er nun getrunken oder als Amulett getragen werden."

Bernsteinamulette waren in ganz Europa verbreitet. In altgermanischen Gräbern sind Bernsteinamulette in Form kleiner Phalli und als Nachbildungen von fossilen *Seeigeln* (siehe dort) gefunden worden. Beide deuten daraufhin, daß er mit dem phallischen Donnergott assoziiert wurde. Vermutlich sollte die Amulettwirkung durch die Bearbeitung gesteigert werden. Es sind neolithische Amulette in der Gestalt eines Pferdes bekannt. Auch sind Bernsteinanhänger gefunden worden, die mit eingeritzten Nordlichtsymbolen, den „Strahlenkronen der Götterhäupter", verziert sind.

Im Mittelalter und der frühen Neuzeit war Bernstein ein sehr beliebter Schmuckstein, aber auch ein beliebtes Heilmittel. Es gibt sehr viele Rezepte zur Herstellung von Elixieren aus dem fossilen Harz. Zerstoßener Bernstein wurde mit Wacholder und Piniennadeln vermischt als ritueller Weihrauch benutzt.

Der dominikanische, manchmal blau schimmernde Bernstein wurde von den karibischen Indianern ebenfalls als Zauberstein benutzt und wohl auch in andere indianische Länder exportiert. Durch die Ausrottung der karibischen Indianer ist leider nur sehr wenig über die kulturelle Bedeutung des Bernsteins bekannt. In Südmexiko (Chiapas) gibt es ein kleines Bernsteinvorkommen. Dieser Bernstein wurde schon von den alten Maya abgebaut und genutzt. Noch heute werden daraus Amulette in der Gestalt von Kröten, Kreuzen und Schlangen hergestellt. Sie sollen vor Schlechten Winden schützen.

Der Bernstein hat auch in China eine traditionelle magische und medizinische Bedeutung. Er heißt *hu-pu*, „Tiger-Seele". Es wird berichtet, die Seele des machtvollen und tapferen Tigers würde nach dessen Tod in die Erde eingehen und sich darin zu Bernstein verdichten (vgl. *Luchsstein*). Solcher Zauberstein birgt die gewaltigen Kräfte des Königs der Tiere in sich. Wer sie zu nutzen weiß, der wird Mut, Tapferkeit und Kraft erlangen. Außerdem ist der Bernstein ein gutes Lenzmittel (Aphrodisiakum).

Der tibetische Bernstein *(poshe)* ist eigentlich Copal, also ein jüngeres fossiles Harz. Er wird zu glückbringenden Amulettperlen geschnitten.

Lit.: GRUBER 1980, HÖNEISEN 1984, REINEKING VON BOCK 1981, RUDAT 1985, SCHLEE 1980, VAVRA 1987.

BEZOARSTEINE

Syn.: Badezaar, Bazuhr, Bezaar, Beztarahat, Calculus, Bezoar, Hagerbezaar, Lapis bazar

Bio.: Biogene Steine, die in den inneren Organen verschiedener Tiere (vorwiegend *Mammalia*) entstehen.

Der Name kommt aus dem Persischen von *pad-zähr*, „Gegengift". Bezoarsteine wurden schon in den Steinbüchern der Alten als Gegengifte beschrieben. Im Altertum wurde ihm noch keine organische Herkunft zugeschrieben. Erst im Mittelalter wurde er zu den *Organsteinen* (siehe dort) gezählt. Man glaubte, er entstünde in der Galle des Basilisken. Später wurde bekannt, daß es Steine sind, die sich im vierten Magen wiederkäuender Tiere bilden.

Georg Niklaus SCHURTZ schrieb 1673 in seiner *Materialkammer:*
„Die Tiere, so diesen Stein bei sich haben, weiden auf den Punas in der Landschaft Hauca und anderen Orten. In Peru wachsen viel gifftige Kräuter, es seind auch viel gifftige Tiere alda, welche das Wasser, davon sie trinken, und das Gras, darauf sie weiden, vergifften. Die Bezoarkräuter kennen die Vicunnes und andere Tiere von Natur, und essen davon, mit welchen sie sich gegen die gifftige Weide und Wasser verwehren. Von diesem herrlichen Kraut wächst der Bezoarstein in ihrem Magen, und davon hat er die Krafft, daß er Gifft tödet... Die Araber aber sagen, er wachse an den Augen der Hirschen, nehmlich, wenn der Hirsch alt wird, so bekommen solche Würm in den Gedärm des Leibs, solche nun zu vertreiben und zu tödten, Pflegen sie Schlangen zu suchen und zu essen; damit sie aber von dem Gifft der Schlangen nicht beschädigt werden im Leib, so gehen sie in ein frisch Wasser, tauchen sich darein biß an den Hals, daß man nur den Kopf herfür siehet gehen, darinnen sie etliche Tage, ja so lang sie empfinden, daß sie von dem Gifft erledigt sein, verharren, alsdann

trieffen ihnen Thränen oder Zähren aus den Augen wie ein Gummi, daselbe wird hart an den Ecken der Augen, und groß wie eine Haselnuß oder eine Eichel, dieselben seind ihnen verhinderlich an dem Gesicht: wenn sie nun aus dem Wasser wieder zu ihrem Lager kommen, und die Verhindernüß des Gesichts merken, so gehen sie an die Bäume und reiben die Backen und Augen so lang daran, biß daß der Stein herabfällt, solches wissen die Jäger und suchen diesem Stein nach biß sie ihn finden."

Bezoarsteine waren im Mittelalter und der frühen Neuzeit sehr begehrte Zaubersteine, die als universelle Gegengifte betrachtet wurden. Sie sehen oft wie schalige, konzentrisch aufgebaute *Konkretionen* (siehe dort) aus. In der chinesischen Medizin gelten sie ebenfalls als giftwidrige Zaubermittel.

Bezoarsteine spielen in der malayischen Magie eine wichtige Rolle. Sie werden *batu guliga* genannt und je nach Herkunft klassifiziert. Es soll welche geben, die in Nashörnern, Schlangen, großen Spinnen, marinen Nacktschnecken und Drachen wachsen, gleichfalls gibt es welche, die in Kokosnüssen, in der Jack-Frucht und im Bambus entstehen. Die Malayen glauben, der Stein habe ein eigenes Leben und ernähre sich von Reis. Es heißt, er sei gegen alle Gifte gut und schütze vor allen Krankheiten. Die Steine werden als Amulette gegen Krankheiten und schlechte Geister getragen. Bezoarsteine sollen auch die besten Aphrodisiaka abgeben. Der Stein wird auch innerlich eingenommen. Dazu wird er zerstoßen und in Wasser aufgeschwemmt. Dazu wird ein Zauberspruch darüber gesprochen:

Abb. 11: Orientalisches Tier mit Bezoarstein. (Aus VALENTINI, 1704)

Die *upas*-Liane [*Strychnos ovalifolia*] verliert ihr Gift
Und das Gift verliert seine Wirkung
Und die Seeschlange verliert ihr Gift
Und der Giftbaum von Borneo verliert sein Gift
Alles was giftig ist, verliert seine Wirkung
Durch die Kraft meines Gebetes und des magischen Bezoarsteines.

Nahezu weltweit sind Bezoarsteine bekannt und als Antidote gebräuchlich. Sie wurden sicherlich schon von den frühen Jägerkulturen entdeckt und mit magischen Kräften aufgeladen.

Lit.: GIMLETTE 1981, LÜSCHEN 1979, SKEAT 1967.

BLUTSTEIN

Syn.: Eisenglanz, Ematites, Hämatit, Roteisenerz, Specularit
Min.: Fe_2O_3, trigonal.

Blutstein heißen die Hämatitvarietäten, die massiven, feinstkörnigen Hämatitaggregate, die schwarz oder grau glänzen. Er kommt in Ägypten, England und Nordamerika vor.

Der Blutstein wurde im alten Ägypten bergbaumäßig gewonnen und über den gesamten Mittelmeerraum vertrieben. Blutsteinamulette wurden den Mumien unter den Kopf gebunden, um den Weg in die jenseitigen Gefilde zu erleichtern. Nach den *Orphischen Lithiken* heißt es von der Entstehung des Blutsteines: „Als einst der gestirnte Uranus, von Kronos blutigen Händen zerfleischt, seine mächtige Brust über die Erde hinbeugte, da rannen Tropfen des göttlichen Blutes auf die schollige Erde hinab und erstarrten in der Sonne Glut; kein Wunder also, daß diesem geronnenen Blute so große Heilkräfte gegen Augenleiden innewohnen, damit der Anblick des lieblichen Himmels dem Antlitz der Sterblichen nicht entzogen werde."

Der Blutstein konnte aber nicht nur alle Augenleiden, auch die Kurzsichtigkeit, beheben, er schütze auch vor den unheilbringenden Folgen des Bösen Blickes. Er wurde sowohl innerlich als auch äußerlich angewendet. DIOSKURIDES zählt eine ganze Reihe medizinischer Verwendungen des Blutsteines auf. Viele davon haben sich bis in die letzte Zeit erhalten.

Der Blutstein wurde nicht nur in den frühen Apotheken als wichtige Arznei geführt, er war ein wichtiger volkstümlicher Zauberstein. Er wurde zum Blutstillen (Nasenbluten, Menstruationsblutungen, Wunden), über die betroffene Stelle gestrichen. Aus dem 19. Jahrhundert ist ein deutscher Zauberspruch, ein sogenannter Wundsegen, erhalten geblieben, der über den Blutstein bei der Wundbehandlung gesprochen wird:

Jetzt nehme ich den Stein
Und lege ihn dir auf das Bein
Und drücke ihn auf das Blut,
Dass es sofort stehen thut.

Hämatitknollen waren bei nordamerikanischen Indianern begehrte Zaubersteine. Im Südwesten wurden sie als zauberkräftige Fetische verwendet. Dazu wurden durch geringfügige Manipulation der schaligen Struktur des Hämatites Mensch- und Tiergestalten (Bären, Adler) ausgearbeitet.

Lit.: BRANSON 1976, GUHR und NAGLER 1989, LÜSCHEN 1979.

BOJI-STEINE

Min.: Konkretionen aus Pyrit/Markasit, die an der Oberfläche zu Limonit umgewandelt sind. Die Konkretionen enthalten noch eine Reihe weiterer mineralischer Bestandteile.

Boji ist ein tschechischer Familienname, der in den USA weit verbreitet ist. Nach diesem Namen sind die *Konkretionen* (siehe dort), die als Oberflächenfunde in Kansas vorkommen, benannt worden. Ob die Boji-Steine schon vor Ankunft der Weißen von den Indianern als Zaubermittel verwendet wurden, ist zwar nicht eindeutig belegbar, aber höchst wahrscheinlich. Denn die Formen und Farben dieser Steine eignen sich sehr gut, um ihnen eine magische oder mystische Aura zu verleihen. Obwohl die Farmer von Kansas diese kleinen, schweren, metallischen Steine seit der frühesten Besiedelung kennen, sind sie doch erst in den letzten Jahren allgemein bekannt geworden. Seither sieht man sie bei Mineralienbörsen und findet hin und wieder Berichte über metaphysische Qualitäten in der neueren Literatur. Boji-Steine sind in bestimmten *New Age*-Kreisen zu einem Kultobjekt geworden, dem viele magische Eigenschaften zugeschrieben werden. Die Boji-Steine sind ein gutes Beispiel für die Entstehung eines modernen, dezentralisierten metaphysischen Steinkultes. Der Ursprung der Boji-Steine wird mythologisiert: „Boji-Steine sind so alt wie die Erde selbst. Sie werden in Kansas zwischen Fossilien und versteinerten Knochen auf dem Boden eines ehemaligen Ozeans gefunden. Dieses Land ist für die Indianer ein heiliger Ort. Die Steine werden in der Umgebung einer natürlichen Erdpyramide, die fast im Epizentrum Nordamerikas liegt, gesammelt." GURUDAS behauptet, der Name sei durch eine Trance in Denver *gechannelt* worden. Außerdem seien diese Steine in dem mythischen Land Lemuria benutzt worden, um neue Pflanzenformen zu entwickeln. Die Steine haben eine besondere magische Wirkung auf agrikulturelle Bereiche, helfen aber auch den Veterinärmedizinern. Bojis sollen zur Meditation, zur (Selbst-)

Heilung und zum spirituellen Wachstum dienen. Sie verleihen ein Gleichgewicht zwischen Körper und Geist und führen zum Selbst und zu den ureigensten Lebenskräften. Das Tragen des Bojis soll Glück bringen, Krankheiten fernhalten und heilen und eine psychische Ausgewogenheit vermitteln. Alles Eigenschaften, die in der Geschichte der Menschheit schon unendlich vielen Steinen zugeschrieben wurden.
Die Bojis wurden von Medien, Astrologen, Pendlern und Heilern untersucht. Sie sollen eine schützende Energie ausstrahlen, Telepathie begünstigen, sind dem Planeten Mars, dem Element Feuer und Akasha (= Äther) zugeordnet worden und verfügen über ausgleichende Strahlungen. Es sind „männliche" wie auch „weibliche" Bojis entdeckt worden. Die weiblichen haben eine glatte Oberfläche und runde Formen. Sie sollen von Frauen als Amulette getragen werden. Die männlichen weisen an der Oberfläche kristalline Erhebungen auf und sind im ganzen etwas kantiger. Sie sollen von Männern benutzt werden.

Lit.: GURUDAS 1985, CUNNINGHAM 1988.

BRACHIOPODEN

Syn.: Armfüßer, Brattenburger Pfennige, Eulenköpfe, Jackstones, Lampenmuscheln, Lochmuscheln, Muttersteine, Schamsteine, Tascheln, Taubensteine, Täubli, Tübeli
Pal.: Stamm *Brachiopoda;* Kambrium bis rezent.
Die Brachiopoden sehen äußerlich genau wie *Muscheln* aus (siehe dort), sind mit ihnen aber nicht verwandt. Sie haben wie Muscheln eine zweiteilige Schale, eine Hälfte ist jedoch stets größer und hat oberhalb des Schlosses ein Loch. Durch dieses Loch kommt zu Lebzeiten ein fleischiger Stiel, mit dem sich das Tier festheften kann. Im Inneren befinden sich zwei spiralige Gerüste, an denen die Kiemenapparate sitzen. Die Brachiopoden sind eine der ältesten Organismenklassen. Manche Arten *(Lingula, Terebratula)* sind „Lebende Fossilien". Die Brachiopoden haben sich in ihrem Aufbau seit 380 Millionen Jahren nicht verändert. Sie sind ausschließlich Meeresbewohner und ernähren sich hauptsächlich von Plankton. Ihre größte Verbreitung hatten sie im Erdaltertum. Zu Ende des Mesozoikums sind viele Arten ausgestorben. Heute gibt es ca. 280 rezente, fast ausschließlich in der Tiefsee lebende Arten. Im Laufe der Erdgeschichte hat es jedoch mehr als 8000 Arten gegeben. Brachiopoden sind sehr häufige Fossilien. Zum Teil waren sie gesteinsbildend. Man findet sie weltweit, meist als herausgewitterte Steinkerne. Gelegentlich sind sie pyritisiert. Die originale Schale ist selten erhalten. In glücklichen Fällen sind die Kiemenapparate erhalten geblieben.

Überall auf der Welt haben fossile Brachiopoden eine gewisse Bedeutung als Zaubersteine erlangt. In den deutschsprachigen Gebieten waren es vor allem folgende Arten:

	Spiriferen:	
Mutterstein/	*Spirifer cultijugatus*	Devon
Schamstein	*Orthis hysterica*	Devon
	Schizophoria vulvaria	Devon
	Rhynchonellen:	
Taubenstein	*Rhynchonella sp.*	Jura
Heiligengeist-Schnecke	*Camarophora sancti-spiritus*	Karbon
	Terebrateln:	
Eulenkopf	*Stringocephalus burtini*	Devon

Sie wurden hauptsächlich als Amulette um den Arm gebunden getragen. Gelegentlich wurden sie eingefaßt und als Anhänger benutzt. Sie sind auch als Schrecksteine an Fraisketten montiert worden (vgl. auch *Heiligengeist-Schnekken, Muttersteine, Taubensteine*).

Brachiopoden (hauptsächlich Terebratula) wurden schon in der Jungsteinzeit als Amulette benutzt. In Zentralasien sind durchbohrte, teilweise pyritisierte Brachiopoden gefunden worden, deren Alter auf 4000 Jahre geschätzt wird. Sie gehören in China seit Jahrtausenden in den Arzneimittelschatz (vgl. *Schwalbensteine*).

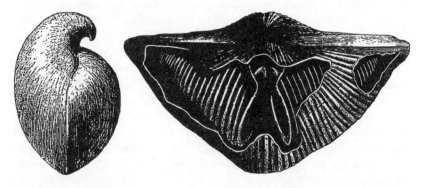

Abb. 12: Eulenkopf-Brachiopode (links) und Spirifera mit freigelegtem Armgerüst (rechts).

Brachiopoden sind oft von nordamerikanischen Indianern gesammelt und beschnitzt worden. Sie wurden dann mit bestimmten Krafttieren assoziiert und in den Medizinbündeln oder Zauberbeuteln aufbewahrt. Diese Zaubersteine wurden bei Heilzeremonien und Fruchtbarkeitsriten benutzt. Die Indianer im Amazonasgebiet benutzen fossile Brachiopoden ebenfalls als Zaubersteine und Kraftobjekte. Sie helfen den Schamanen bei ihren Beschwörungen. Diese Steine werden in Zauberkörben aufbewahrt. Darin sind bestimmte Geisteswesen gefangen, die sich der Kundige mit Hilfe von Schnupfpulver (Yopo, Epená) zunutze machen kann.

Lit.: ABEL 1939, ANNOSCIA 1981, BARNETT 1973, DUBLIN 1987.

BÜFFELSTEINE

Syn.: Hundertfüßler, Medizinsteine
Pal.: Ord. *Ammonoidea*, Fam. *Lytoceratidae*, Unterfam. *Macroscaphitinae*, Genus *Baculites;* Oberkreide

Fossile Baculiten kommen auf der ganzen Welt vor, die besten Stücke stammen aber aus South Dakota und Montana. Baculiten sind entrollte, gerade *Ammoniten* (siehe dort; vgl. auch *Katzenpfötchen*). Die meisten Baculiten-Fossilien sind einzelne Kammerfüllungen, oder kurze Stücke. Schalenerhaltung ist recht selten, aber manchmal ist die Perlmuttschicht erhalten geblieben (vgl. *Perlen und Perlmutt*). Die Kammern waren meist mit kalkigem Schlamm gefüllt, der sich im Fossilisationsprozeß zu Kalkstein verdichtet hat. Mitunter haben sich aber in den Kammern auch verschiedene Minerale auskristallisiert (Calcit, Aragonit, Baryt). Besonders in Montana sind herausgewitterte Kammerfüllungen als Oberflächenfunde recht häufig. Sie werden oft nach starken Regenfällen freigespült. Die häufigsten Arten sind *Baculites ovatus* und *Baculites compressus*.

Die herausgewitterten Kammerfüllungen sehen meist wie Tiere, besonders wie kleine Figuren von Büffeln aus. Daher heißen sie Büffelsteine. Sie sind besonders kraftgeladene Objekte, die als gute Medizin und Kräftigungsmittel gelten. Die indianischen Kulturen der Prärien wurden stark durch den Büffel geprägt. Er lieferte fast alle erforderlichen Nahrungsmittel und Grundstoffe für ein gesichertes Überleben. Der Büffel war heilig, denn er konnte den Menschen am Leben erhalten. Außerdem war der Büffel ein starkes Tier. Wer das Glück hatte, einen Büffelstein zu finden, dem war der Geist des Büffels gut gesonnen, der konnte an dessen Kraft teilhaben. Die Blackfeet, die in Montana lebten, verehrten nicht nur den Büffel, sie hatten eine besondere Vorliebe für die Büffelsteine.

Der magische und rituelle Gebrauch der Büffelsteine geht bis in früheste Zeiten zurück. In Montana sind indianische Gräber gefunden worden, in denen die Leichen mit ihren Medizinbeuteln begraben wurden. Der persönliche Medizinbeutel wurde auf der Nabelgegend deponiert. Er enthielt immer einen mit Ocker rotgefärbten Büffelstein.

Den Indianern gelten die Büffelsteine als Manifestationen von Manitu oder Wakan Tanka. „Er war, ist und wird immer sein: Wakan Tanka, das Große Geheimnis. Wakan Tanka ist einer und doch viele. Er ist der Hauptgott, der Große Geist, der Schöpfer und der Vollstrecker. Er ist die höchsten Götter und die verbündeten Götter, und er ist die Götterverwandten, sowohl die Untergeordneten wie die Göttergleichen. Er ist die guten und bösen Götter, das Sichtbare und das Unsichtbare, das Körperliche und das Gestaltlose, denn er ist alles in einem." (HASSRICK 1982: 235).

Baculites-Kammerfüllungen sind auch von den Indianern der Rocky Mountains und im Südwesten als Zaubermedizinen benutzt worden. Die Arapaho haben in den skurilen Steinen Hundertfüßler gesehen. Die Steine wurden mit roter Erde gefärbt und in einem Weihrauchbeutel aufbewahrt. Sie wurden zum Sonnentanz herausgeholt und verehrt. Die ersten Ethnographen, denen Büffelsteine begegneten, glaubten, daß es künstliche Schnitzwerke der Indianer seien und bewunderten deren Kunstfertigkeit. Der fossile Charakter wurde erst später erkannt.

Lit.: BRANSON 1976, KROEBER 1983, REESIDE 1927a und b.

Abb. 13: Hundertfüßler-Amulett der Arapaho. (Nach KROEBER, 1907).

CINTAMANI

Syn.: Mani, Ratna, Zauberjuwel, Zauberstein.

Das Zauberjuwel Cintamani ist im tibetischen Buddhismus das Symbol für das *dharmaratna*, das „Juwel der Lehre". Es gilt als „Denk-Edelstein" und hat die unendliche Zauberkraft, alle Wünsche zu erfüllen. Es wird auch in der Hand

9: Tibetisches, aus Edelsteinen und Silber gefertigtes Doppel-Donnerkeilzepter. In der Mitte ein glückbringender Lapislazuli. Dieses Zaubergerät wird bei Meditationen und Exorzismen verwendet. (Sammlung und Foto: Rätsch)

10: Englischer Calcit-Ammonit *Asteroceras* aus dem Lias von Humberside. (Sammlung Kashiwagi, Foto: Rätsch)

Abb. 14: Tibetischer Holzblockdruck von Buddha mit Edelsteinen in der Hand.

Buddhas dargestellt, der darüber meditierend die Welt erschafft. Die Natur des Zaubersteins wird verschieden erklärt. Gewöhnlich wird er als *Bergkristall* oder *Perle* (siehe dort) gedeutet. Manchmal werden auch die tibetischen neun Edelsteine als Cintamani bezeichnet. Sie gelten als Opfersteine, Amulette, Gebetssteine und Wunschsteine (siehe *Edelsteine*).

Lit.: SCHUMANN 1986.

DONNERKEILE

Syn.: Blitzsteine, Ceraunia, Cylinder, Donarshammer, Donneräxte, Donnersteine, Gewittersteine, Götteräxte, Grummelsteine, Regensteine, Schlegel, Strahlhamer, Strahlkeil

Geo.: 1) *Belemniten* (siehe dort)
2) *Artefakte* (siehe dort)
3) *Meteorite* (siehe dort)
4) fossile *Haifischzähne* (siehe dort)

Die Naturphänomene des Gewitters haben alle Völker zu mythischen Spekulationen angeregt. Am weitesten verbreitet ist die Ansicht, daß ein männlicher, im Himmel lebender Gott (Amun, Zeus, Donar, Indra, Hanab K'uh) Blitze auf die Erde schleudert. Dazu werden oft Hilfsmittel benutzt, wie Hämmer, Äxte, Steine, Keile, Pflöcke, die durch die Wolken geschleudert werden, dort den Donner auslösen und als Blitz in den Boden fahren. Diese steinernen Donnerkeile werden oft nach den Gewittern auf der Erde gefunden. „Sie wurden als Geschosse des Donners, des Donnergottes angesehen und wegen ihrer Zauberkraft hoch geschätzt. Wenn man sie richtig verwendet, kann man mit ihnen den Todesstrahl auf den Gegner lenken, andererseits sich und das Haus gegen Blitz schützen" (LÜSCHEN 1979: 204). Leider sind die entsprechenden Rituale nicht überliefert.

Oft werden Fossilien, die spitze Formen aufweisen, als solche Donnersteine gedeutet (vgl. *Belemniten, Haifischzähne*). Weit verbreitet ist die Ansicht, daß prähistorische Steinäxte vom Himmel geschleuderte Donnerkeile sind. Dieses Konzept ist nicht nur überall in der Alten Welt verbreitet. Viele Indianervölker nennen prähistorische Steinbeile „Götteräxte" (auf Maya *bat k'uh*). Diese enthalten starke Zauberkräfte und können als Medizinsteine dienen (vgl. *Artefakte*). In Afrika werden solche Steinbeile als „Himmelsgott-Äxte" bezeichnet und als Fetische verehrt. In ihnen lebt der Geist des Gottes, den man sich durch Gebete und Opfer dienstbar machen kann. In Neukaledonien dienen prähistorische Steinäxte dem Wetterzauber. Die Deutung von Meteoriten als Donnerkeile oder Donnersteine ist weniger populär.

Im tibetischen Kulturkreis werden viele Götter und Dämonen mit einem *vajra*, „Donnerkeil, Donnerkeilzepter", dargestellt. Er ist aus dem Blitzzepter des vedischen Gottes Indra entstanden und symbolisiert das unzerstörbare und ewige Absolute und die phallische Schöpfungs- und Zerstörungskraft. Dieser Donnerkeil wird aus Metall oder Stein (vgl. *Bergkristall*) nachgeformt und bei tantrischen Meditationen und schamanischen Heilungen zauberkräftig eingesetzt. Mit einem derartigen Gerät können die geistigen Kräfte kanalisiert und zielgerichtet eingesetzt werden. Damit werden Dämonen zerstört und Krankheiten aus dem Körper getrieben. Allerdings kann damit auch schwarzer, todesbringender Zauber erwirkt werden.

Lit.: ANDREE 1878, ANNOSCIA 1981, HAGN 1979, LÜSCHEN 1979.

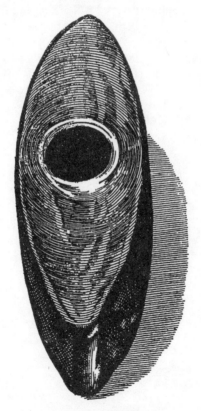

Abb. 15: *Ceraunias Sagetta,* „Donner-Keil" oder „Donner-Axt" . (Aus VALENTINI, 1704)

DONNERPFERDE

Syn.: Donnertier, Palaeotherium, Titanotherium
Pal.: Ord. *Perissodactyla*, Fam. *Brontotheriidae; Brontotherium;* Unteres Oligozän

In vielen Überlieferungen werden versteinerte Knochen ausgestorbener Dinosaurier oder prähistorischer Großsäugetiere mit mythischen Wesen in Verbindung gebracht (vgl. *Drachenknochen und -zähne*).

Nordamerikanische Indianer haben große Knochen als Überreste vorzeitlicher Riesen, Drachen und langnasiger Meeresungeheuer gedeutet. Die Penobscot erzählen Geschichten von riesigen Tieren mit langen Zähnen, die so groß waren, daß man sie für Berge halten mußte. In der Irokesen-Nation wurde ein fossiler Mammutzahn *(Mammuthus)* als heiliges Objekt, dem gewaltige Zauberkraft innewohnt, verehrt. All diese fossilen Zeugen einer vergangenen Welt wurden von den frühen Siedlern als „Dinge, die von Satan in die Erde gepflanzt" wurden, verteufelt.

Als die ersten Paläontologen Mitte des 19. Jahrhunderts in die Plains und Prärien kamen, stießen sie im Gebiet der heiligen Black Hills und der Badlands (Mako Sica) auf reiche, fossilführende Schichten. Sie begannen mit der Hilfe einiger Sioux-Indianer ihre Grabungen. Die Indianer, die erst seit einigen

Abb. 16: Rekonstruktion eines Titanotheriums (*Brontotherium leidyi*). (Nach OSBORN, 1929)

Jahren in South Dakota leben mußten, fragten die Paläontologen, was denn das für gewaltige steinerne Knochen und Zähne seien, nach denen die Weißen so gierig suchen. Die Wissenschaftler beschrieben ihnen das riesige, über 4 m hohe Titanotherium *(Brontotherium)*, das auf der Nase zwei mächtige Hörner trug. Aus der Beschreibung entnahmen die Indianer, daß es sich um das Donnerpferd oder Donnertier („thunder beast") handeln müsse. Das Donnerpferd ist der Mythologie der Sioux zufolge ein gewöhnlich unsichtbares Wesen, eine der unendlich vielen Inkarnationen Wakan Tankas, des Großen Geistes. Die Donnerpferde reiten beim Gewitter auf den Wolken, steigen aber auch auf die Erde herab, um Büffel zu jagen. Manchmal sind sie in den schwer zugänglichen Badlands verendet. Dort sind ihre Knochen und Zähne zu Stein geworden. So glaubten die Sioux, daß die Überbleibsel des Titanotheriums die Kraft des Donners in sich bergen und verwendeten die Fossilien als magische Ingredienzien für ihre Medizintaschen. (Sie benutzten auch fossile Zähne vom *Oreodon*, sowie andere Fossilien; vgl. *Ammoniten, Büffelsteine, Trilobiten* als Inhalte der Medizinbeutel.)

Lit.: HOWARD 1975, O'HARA 1920, OSBORNE 1929.

DRACHENKNOCHEN UND -ZÄHNE

Syn.: Lung ku, Lung tse
Pal.: meist Knochen und Zähne urzeitlicher Säugetiere; gelegentlich auch Dinosaurierknochen.

Der chinesische Drache *(lung)* ist ein rein positives, glückverheißendes, weisheitverleihendes Wesen. Er ist eine Komposition verschiedener, in der chinesischen Medizin als Aphrodisiaka benutzter Tiere: „Sein Kopf ist wie der eines Kamels, seine Hörner gleichen einem Hirschgeweih, seine Augen denen eines Hasen, seine Ohren denen eines Bullen, sein Hals gleicht einer Schlange, sein Leib gleicht dem der Seeschlange, seine 81 Schuppen (Symbol für *yang*) sind wie die eines Karpfens, seine Klauen wie die eines Adlers, und seine Füße erinnern an die Tatzen eines Tigers. Sein Schnurrbart gleicht dem taoistischer Heiliger, und in seiner Brust trägt er eine Perle. Der Drache vermehrt sich durch sein Denken. Mit seinen Gedanken formt er ein Ei, aus dem ein neuer Drache kriecht. Sein inneres Feuer hält ihn am Leben, läßt Wasser in Flammen aufgehen und gleicht der Schöpferkraft eines potenten Mannes." (MÜLLER-EBELING und RÄTSCH 1985: 44).

Wenn ein Drache sich durch seine Gedanken vermehrt hat, zieht er sich in eine Höhle zurück und stirbt. Zurück bleiben die zu Stein gewordenen Drachenknochen *(Lung ku)* und Drachenzähne *(Lung tse)*. Sie sind für die Chinesen die gesuchtesten magischen Aphrodisiaka. Sie werden bis heute zu Höchstpreisen in chinesischen Apotheken verkauft. Um ihre Wirkung zu entfalten, sollen sie mit Reiswein oder Bambusschnaps übergossen werden. Davon soll jeden Tag ein Gläschen getrunken werden, und der „Jadestengel" wird niemals ruhen.

Die als Drachenknochen und -zähne verkauften und benutzten Zaubersteine sind versteinerte Knochen oder Zähne prähistorischer Säugetiere *(Stegodon, Bos, Cervus, Tapirus, Rhinoceros)*, seltener stammen sie von Dinosauriern, den „wirklichen Drachen". Auch die Zähne und Schädelknochen *(Sinanthropus pekinensis)* ausgestorbener Vormenschen gelten als Überbleibsel der geschätzten Drachen. Es wurden auch schon *Belemniten* (siehe dort) als Drachenzähne verkauft.

Lit.: ANNOSCIA 1981, MÜLLER-EBELING und RÄTSCH 1985, READ 1976.

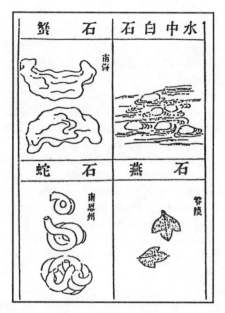

Abb. 17: Holzblockdruck aus einer alten chinesischen Arzneimittellehre. Es sind verschiedene Fossilien dargestellt.

Abb. 18: Tibetischer Holzblockdruck des chinesischen Drachen und der Perle der Weisheit.

Abb. 19: Drachen- und Lindwurmdarstellungen. (Aus GESNER, 1589)

DRACHENSTEINE

Syn.: Drakensteine, Scherhörner, Trachenstein, Trackensteine, Trakensteine, Zieherhörner; Draconites, Dracontites, Drakontias
Pal.: Ord. *Ammonoidea,* Fam. *Ceratitidae,* Arten *Ceratites nodosus, Discoceratites semipartitus;* Trias (Ladin)

Manche, besonders bei Gänheim, bei der Porta Westfalica und im Harzumland häufig anzutreffende *Ammoniten* (siehe dort) wurden in vergangenen Jahrhunderten als steinerne, eingerollte Drachen angesehen (vgl. *Schlangensteine*). Diese Steine waren mit einer besonderen Kraft, der des Drachens, ausgestattet. Dabei galt der Drachen in der vorchristlichen Zeit als ein positives Wesen; später wurde er dämonisiert und lebte als übelwollender Milchdrache (Track) fort. Johann Jakob REISKIUS veröffentliche einen Bericht über die magischen Eigenschaften dieser Zaubersteine in seiner 1688 erschienenen *Dissertatio de Cornu Hammonis:*

„Man hält insgeheim davor / daß dieser DRACHENSTEIN sonderbare Krafft bey Hexerey habe / sonderlich wann die Kühe ihre Milch nicht geben / oder von Hexen durch Satans Betrug ausgemolcken werden: Alsdann wird in den Melckpot dieser Stein gelegt / und darauf die vorige Milch bey der Kuh verhofft / wie sie dann sich wieder einfindet."

Abb. 20: Alchimistischer Drache. (Aus *R. Abrahami Eleazaris Uraltes Chymisches Werk*, 1760)

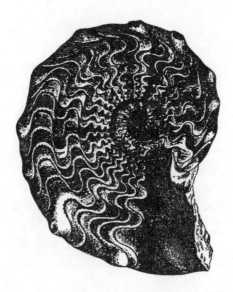

Abb. 21: Der als Drachenstein bekannte *Ceratites nodosus*. (Aus Brockhaus, 1860)

Des nachtes auff die schlauffente leüt
Das es in heymliche ding betrüt
Vnd vil zauberey vntreyn
Die sehent an dem schulter payn
Was dem menschen sol beschehen
Vnd etlich die jehen
Es sey nit gůt das man
Den lincken schůch leg an
Vor tē gerechten des morgens frů
Vnd vil die jehen man stoß der ků
Die milch auß der wammen
So seynd etlich der ammen

Wunder mit dem hůfnagel
Vnd etlich die steckend nadel
Den leüten in den magen
Vnd etlich lassent iagen
Die hůnd auff der rechten fert
Etlich seynd so wol gelert
Das sy sich mit gewalt
An nemen eyner katzen gestalt
So vindt man denn zauberyn vntreyn
Die den leüten den weyn
Trinckent auß den kelleren ystolen
Die selben beyßset man vnholen
So seynd denn etliche
Wenn sy sehend eyn leiche

Abb. 22: Behexung der Milch. (Aus VINDLER, *Buch der Tugend*, 1486)

Friedrich Christian LESSER hat diesen Brauch in seiner *Lithotheologie* (Hamburg 1735) bestätigt und etwas spezifiziert:
„Jenseits des Ober-Hartzes, nicht weit von Goßlar, wird in denen nach Gandersheim und Brunshusen gehörigen Aeckern ein curiöses fossile gefunden, welches ein artig formierter Stein ist, so rund und so gewunden wie ein Horn von einem Widder aussiehet, und von den Einwohnern ihrer Mund-Arth nach, der Draken- oder Drachenstein genennet wird, weilen sie insgeheim davor halten: Daß solcher sonderbare Krafft vor die vom Drachen herrührende Hexerey habe, sonderlich wenn die Kühe dadurch nicht ihre völlige Milch, oder an statt derselben Blut geben; in welchem Fall sie alsdenn solchen Stein in die Milchkübel legen, und darauf die vorige Milch in gebührender Quantität bey der Kuh wieder erwarten."

Es gibt noch eine andere Art von Drachensteinen, die angeblich aus den Gehirnen der Drachen gewonnen werden und zu den *Organsteinen* (siehe dort) gehören (vgl. auch *Zinnober*). Schon PLINIUS bezog sich auf diesen Stein, den er *Draconites* genannt hat. KONRAD VON MEGENBERG beschrieb einen derartigen Zauberstein in seinem *Buch der Natur* (1535/50):

Abb. 23: Die Gewinnung eines Drachensteins. (Aus *Hortus sanitatis*, 1509)

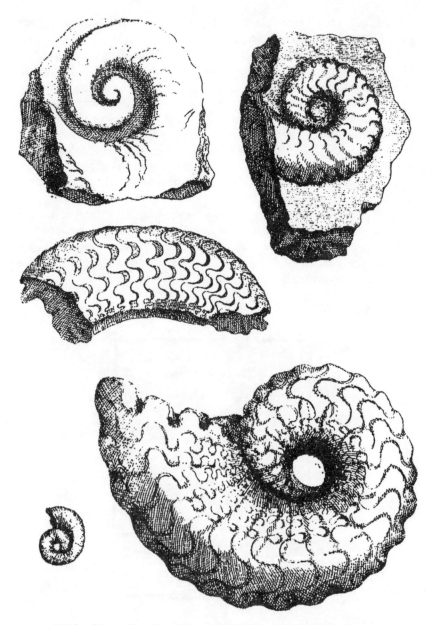

Abb. 24: Früheste Darstellung der ceratitischen Zaubersteine (15. Jahrhundert)

„Trachenstein / den nimpt mann auß eines trachenhirn / unnd zeucht mann in nit auß eins lebendigen trachenhirn / so ist er edel. Die künen mann schleichen überdie trachen da sie liegen / und und schlatzen in das hirn entzwey / und dieweil sie zablen so ziehen sie im das hirn herauß. Man spricht der stein sei gut wider die vergiffteent hier und widersteh dem vergifft trefftiglich. Die stein seind durchsichtig." Leider ist kein derartiger Stein in einer alten Sammlung überliefert worden. Der italienische Naturforscher MARSILIUS FICINUS (15.Jh.) glaubte in fossilen *Korallen* (siehe dort), die eine gehirnähnliche Struktur hatten, den berühmten orientalischen Drachenstein entdeckt zu haben. Im 17. Jahrhundert gab es viel Aufsehen um den *Luzerner Drachenstein*, der von VALENTINI beschrieben und abgebildet wurde. Der Stein war rund und gefleckt. Er wurde von einem Bauern in einer Blutlache gefunden, die von einem vorbeifliegenden Drachen hinterlassen wurde. Der Zauberstein wirkte gegen alle Vergiftungen und gegen die Pest. Karl der Große sah in den Drachensteinen einen Liebeszauber. Diese Drachensteine sind nicht mit den *Drachenknochen und -zähnen* (siehe dort) Südostasiens und Chinas zu verwechseln.

Lit.: ABEL 1939, RICHTER 1982, SCHÖPF 1988.

Abb. 25: Der luzerner Drachenstein. (AUS VALENTINI, 1714)

DRUDENSTEINE

Syn.: Albfüße, Albfußsteine, Alfquarner, Drudenfuß, Krottensteine, Limnostraciten, Lochsteine, Schrattensteine, Silex pertusus, Trutensteine, Truttelsteine

Geo.: 1) natürlich durchlöcherte Gerölle
2) Konkretionen mit Löchern
3) Fossile Seeigel und Seelilienstielglieder
4) Fossile Hahnenkammaustern; Stamm *Mollusca,* Klasse *Bivalvia,* Ord. *Pterioida* Fam. *Ostreidae,* Spezies *Lopha marshi;* Jura bis rezent.

„Drude" ist eine Verschleifung des keltischen Wortes Druide. Die Druiden waren Zauberer und Priester bei den keltischen und gallischen Stämmen. Sie hatten ein außerordentliches Wissen über die Zauberkräfte von Pflanzen, Tieren und Steinen. Im Zuge der Romanisierung gallischer Provinzen und der späteren Christianisierung, wurden die ehemals verehrten Druiden zunächst als Schwarzmagier, später als Hexer beschimpft und verdrängt. Im Volke hielt sich aber lange das Wissen von den druidischen Zauberkräften (vgl. *Seeigel*). Viele volkstümliche Zaubersteine wurden nach den Druiden benannt (vgl. *Lochsteine*), besonders solche, die das *signum druidis,* den "Drudenfuß" zeigten (vgl. *Seelilien*).

Die im deutschen Jura häufigen Hahnenkamm-Austern *(Lopha marshi;* syn. *Alectryonia crista galli)* wurden ebenfalls mit dem Drudenfuß, später dem Albfuß, assoziiert. Diese auffälligen Fossilien dienten zur Abwehr von Hexen, Teufeln, Alben, Elben, Druden, Mahren und anderen Dämonen.

Lit.: ABEL 1939.

Abb. 26: Die fossilen Hahnenkamm-Austern erinnern mitunter an dämonische Klauen. (Aus KAYSER, 1909)

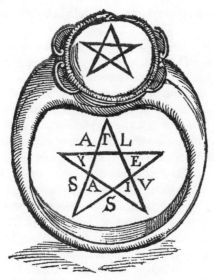

Abb. 27: Das magische Pentagramm an einem Ring. (Aus CARTARI, 1647)

DZI-STEINE

Syn.: Augenperlen, Augensteine, gzi-Perlen

Im Himalayagebiet werden gelegentlich alte, prähistorische Perlen aus geätztem Karneol (vermutlich aus Mesopotamien), bearbeitetem *Achat* (siehe dort) oder Glasperlen gefunden, die länglich, leicht oval geformt sind und die ein deutliches Kreismuster tragen. Sie werden *dZi* genannt und zu den Steinen gezählt. Sie sind von allen magischen Steinen Tibets die gesuchtesten. Sie sind die stärksten Zaubersteine und Amulette. Sie sind Edelsteine übermenschlicher Herkunft. Sie schützen den Besitzer vor Unfällen, verlängern sein Leben und beschenken ihn mit Glück. Am glücklichsten wird der, der einen *dZi* selbst findet. Wenn jemand einen Unfall hat (Bergabsturz), bricht anstelle des Besitzers ein Stück von dessen *dZi*-Perle ab. Verkauft man seinen Zauberstein, so wird man vom Glück verlassen.

Die *dZi* werden nach der Anzahl ihrer „Augen" bewertet. Es gibt Ein-Augen, Zwei-Augen usw. bis zu Zwölf-Augen. Die besten sind die Drei-, Sieben-, Neun- und Zwölf-Augen. Sie sind extrem selten und werden als höchstes Gut gehütet und verehrt. Falls sie verkauft werden, können sie astronomische

Summen erzielen. Ein Neun-Auge wurde kürzlich für mehr als eine Million Mark verkauft!

Es gibt verschiedene Überlieferungen, nach denen der Ursprung der *dZi*-Steine erklärt wird. Es heißt, sie seien der ehemalige Schmuck der Götter, die ihn auf dem Dach der Welt zurückgelassen haben. Sie entstehen, wenn sich über mehrere Jahre hinweg Staub über bestimmte seltene Reptilien legt. Dadurch versteinern deren Schwänze zu den gesuchten Perlen. Nach einer anderen Version heißt es, wenn ein besonders glücklicher Mensch so ein lebendes Reptil sieht, muß er etwas Staub greifen und dem Tier auf den Schwanz streuen. Dieser fällt dann ab und wird dabei zu Stein. Manche Tibeter sagen, die geschätzten Zaubersteine stammen aus den heiligen Seen Tibets (vgl. *Korallen*). Derjenige, der großes Glück hat, kann sie nach langen Meditationen unter der Wasseroberfläche sehen. Aber nur derjenige, der besonders großes Glück hat, kann sie auch erfassen und bergen. Eigentlich sind die Perlen Segmente von Wasserschlangen. Manchmal tropfen ihnen die Perlen von den Schwänzen.

Diese seltenen Zaubersteine werden auch von den hinduistischen Nepali geschätzt. In einem Shiva-Tempel bei Naudanda wird eine *dZi*-Perle als *Shivalingam* (siehe dort) verehrt. Dieser Stein gilt als vom Himmel gefallen, von den Sternen abstammend (vgl. *Sternsteine*).

Wegen der großen Nachfrage und des enormen Wertes tauchen immer wieder Fälschungen von *dZi*-Perlen im Himalaya auf. Sie stammen meist aus Darjeeling und sind fast immer aus Glas.

Lit.: DUBIN 1987, WEIHRETER 1988.

EDELSTEINE

Heutzutage werden Mineralien, die sich wegen ihrer Schönheit (intensive Farbe, Farbspiele), ihrer Seltenheit (Wert) und Praktikabilität zur Schmuckverarbeitung eignen, als Edelsteine bezeichnet. Zu anderen Zeiten und bei den verschiedenen Völkern werden Edelsteine meist durch ihre kosmologischen, mythologischen und astrologischen Bedeutungen definiert. In den meisten Traditionen werden sieben oder neun Steine zusammengefaßt als Edelsteine bezeichnet. Dabei werden sie mit den sieben oder neun Planeten, den sieben oder neun Kraftzentren des Menschen, den sieben oder neun Schichten der Welt, den sieben oder neun magischen Amuletten, den sieben oder neun Farben des Regenbogens oder den sieben oder neun Göttern identifiziert. Ursprünglich war die Definition der Edelsteine mit der Definition der Zaubersteine identisch. Generell dienen sie als Amulette für Gesundheit, Kraft und magische Ausstrahlung.

11: Saligram; eine ammonitenhaltige Knolle aus dem Kali-Gandaki-Tal. (Sammlung und Foto: Rätsch)

12: Ein *Dactylioceras* (Ammonit) aus dem Lias von Whitby. (Sammlung und Foto: Rätsch)

13: Versteinertes Holz aus dem Eozän von South Dakota im Anschliff (Sammlung und Foto: Rätsch)

14: Ein verkieselter Dinosaurierknochen, 1988 in einer chinesischen Apotheke in Tai-pei als Drachenknochen gekauft. (Sammlung und Foto: Rätsch)

In einem alten assyrischen Text werden die sieben Edelsteine als Zaubersteine aufgezählt und durch einen Zauberspruch beschworen:
Glänzende, prächtige Steine; glänzende, prächtige Steine
Steine der Freude und des Glücks
Leuchtende Pracht für das Fleisch der Götter
Der Hulalini Stein, der Sigurru Stein
Der Hulalu Stein, der Sandu Stein
Der Uknu Stein, der Dushu Stein, der wertvolle Elmeshu Stein,
Vollendet in himmlischer Schönheit
Auf die glänzende Brust des Königs als Ornament gelegt
Azagud, Hohepriester von Bel, bringe sie zum Glänzen,
Bringe sie zum Leuchten
Bewahre dieses Haus vor dem Bösen.
Von diesen sieben Edelsteinen lassen sich nur zwei identifizieren: Uknu ist ein *Lapislazuli* (siehe dort) und Elmeshu ist der Diamant.
Die alten Ägypter kannten folgende Steine, die sie als Edelsteine definierten, und die allesamt als starke Amulette Verwendung fanden: Lapislazuli, *Türkis, Blutstein, Obsidian, Malachit, Bergkristall, Jaspis* (siehe dort), Karneol und Onyx. Besonders der Onyx (vgl. *Achat*) war der heilige Zauberstein der Isis, der Göttin der Magie und der Zauberkräuter. Der rote Karneol diente dem Liebeszauber. Diese Steine dienten oft als Schutzamulette für die Mumien; sie sollten die Seele in die himmlischen Reiche, die aus Edelsteinen erbaut waren („Türkisräume des Himmels"), sicher vor Gefahren, geleiten. Man schnitt aus ihnen Amulette in der Form des Skarabäus-Käfers und des Horus- oder Udjat-Auges. Aus ihnen wurden „magische Rüstungen", an denen alle dunklen Mächte abprallen, gefertigt und den Toten angelegt. Im Totenbuch gibt es eine Passage, bei der die Körperteile des Toten in Edelsteine verwandelt werden:
Wie Lapislazuli blau ist deine Brust
Dunkler sind deine Locken
Als der Totenwohnstätte finstere Pforten
Ra's Strahlen beleuchten dein Antlitz
Mit Lasursteinen geschmückt ist dein goldgewobenes Kleid
Dein oberes Augenlid ist mit Lasurstein geziert
Deine Glieder, kraftstrotzend, mit Gold belegt
Deine Brüste schwellend, Kristalleiern sie gleichen
Horus hat sie mit Lapislazuli gefärbt
Wie Kristall durchsichtig sind deine Schultern.
In der Antike wurden die altorientalischen Steinkulte weitergeführt. Viele Edelsteine wurden den Göttern und Sternen zugeordnet. Sie wurden den

Göttern geopfert, unter Beschwörungen geweiht, zum Orakeln benutzt und vielseitig medizinisch eingesetzt. Durch das Bekanntwerden neuer Steine – etwa durch die Fahrten der Phönizier – wurde die Liste der Edelsteine immer länger: Diamant wurde der „König der Edelsteine"; er stand über dem Rubin, Saphir, Topas, Aquamarin, Chrysolith, Lapislazuli, Malachit, Türkis, Chalcedon, Karneol, Jaspis, Achat, Onyx, Heliotrop, Amethyst, Bergkristall, Turmalin (vgl. *Luchssteine*), Granat, Smaragd, Obsidian, Opal, *Koralle* und *Bernstein* (siehe dort). Es entstanden zahlreiche Lithiken oder Steinbücher, von denen die meisten leider verschollen sind.

In Indien, das reiche, schon in der Antike berühmte Edelsteinvorkommen hat, werden neun Edelsteine magisch, astrologisch und medizinisch genutzt. Es heißt, die Edelsteine sind aus dem kosmischen Licht der Farben des Regenbogens entstanden. Daher haben sie ihre magischen und heilsamen Kräfte. Die gesamte indische Edelsteinmagie geht auf einen Vers in dem klassischen *Jatak Parijat*-Text zurück. Darin heißt es:

Der Rubin ist der Edelstein des Herrn des Tages [= Sonne]
Die glühende Perle ist der Edelstein des kühlen Mondes
Die rote Koralle ist der Edelstein des edlen Mars
Der Smaragd ist der Stein des edlen Merkur
Der Gelbe Saphir ist der Edelstein des Jupiter, Lehrer der Götter
Der Diamant ist der Edelstein der Venus, der Lehrerin der Dämonen
Der Blaue Saphir ist der Edelstein des Saturns
Der Hyazinth ist der Edelstein des Rahu
Und das Katzenauge ist der Edelstein des Ketu.

Rahu und Ketu sind Planeten, die in der europäischen Astrologie und Astronomie unbekannt sind. (vgl. *Katzenauge, Perlen und Perlmutt*).

Das astrologisch-kosmologische System der Inder ist sehr ausgeklügelt und bedarf vieler Berechnungen und sozialer Einschätzungen. So werden die Qualitäten der Edelsteine nach den indischen Kasten eingeteilt usw. Als Zaubersteine haben die indischen Edelsteine besonders im Tantrismus Bedeutung erlangt. Dabei werden den sieben, im Körper liegende, physiologisch nicht faßbaren Energiezentren *(cakren)* neben Göttern, Planeten, Farben, Elementen, Tieren, Sinnen und magischen Qualitäten auch Edelsteine zugeordnet:

Sahasara (Schädeldecke)	Diamant („Tausenblättriger Lotus")
Ajna cakra (Stirn)	Perle
Visuddha cakra (Kehle)	Topas
Anahata (Herzcakra)	Saphir

Manipura cakra (Nabel)   Rubin
                          ("Edelstein-Zentrum ")
Svadhisthana cakra (Bauch)   Koralle
Muladhara (Basiscakra)   Smaragd

Die Kundalinischlange, die weibliche Schöpferenergie, die die Cakren aktiviert und miteinander in Verbindung bringt, wird durch den Granat, der deshalb „Kundalini-Feuer" heißt, oder durch einen Ammoniten (vgl. *Saligrame, Shivalingam*) beschworen. In der tibetischen, stark vom Tantrismus geprägten Magie, werden neun Edelsteine benutzt: Lapislazuli, Koralle, Türkis, Granat, Amethyst, Saphir, Diamant/Quarz, Opal und Onyx (vgl. *Cintamani*)
In Europa wurden die Edelsteine in späteren Zeiten mehr und mehr in ihren astrologischen Bezügen gesehen und büßten die alten Zauberkräfte ein. Es entstand die Vorstellung von den Geburts- oder Monatssteinen. Danach standen die unter bestimmten Tierkreiszeichen und Planetenkonstellationen Geborenen unter dem Schutz eines speziellen Edelsteines. Einen derartigen Edelstein sollte man als Glücksstein tragen. Im Mittelalter verwässerten sich zunehmend die antiken Zuordnungen. Jeder Alchemist, Arzt oder Magier stellte seine eigenen Spekulationen an. Bis heute währt dieser Prozeß. So wurde im Laufe der Geschichte fast jeder Edelstein fast jedem Planeten oder Sternzeichen zugeordnet. Im Zuge der modernen Esoterikwelle kann in der aktuellen Literatur nachgelesen werden, welche Steine zu welchem Tierkreiszeichen gehören. Oft haben diese Zuordnungen mit den antiken Traditionen nichts mehr zu tun. Auch versuchen viele Leute durch den angeblichen Prozeß des *channeling* Atlantisbewohnern oder Außerirdischen die Zuordnungen solcher Modesteine wie Fluorit, Sugelit oder Kunzit für bestimmte Tierkreiszeichen zuzuschreiben. Dabei wird meist vergessen, daß für Außerirdische der Sternenhimmel ganz anders aussieht, und sie diesen, wenn sie überhaupt das Konzept des Sternzeichens kennen, vollständig anders interpretiert haben.
In der Neuen Welt gab es auch das Konzept der Edelsteine. Für die alten Maya waren sie von magischer und kosmologischer Bedeutung. Nach einer Schöpfungsmythe ist die ganze Welt durch einen Zauberspruch, der über einen *chac tun*, einen „Roten Edelstein" gesprochen wurde, entstanden.

Gebundener Stein!
Roter Edelstein
Himmlische Essenz
Himmlischer Tropfen der Verwandlung
Dein Zauber schuf die Sonne,
Schuf die Erde...
(nach RÄTSCH 1986a: 13)

Die Edelsteine der altmexikanischen Völker waren *Bergkristall, Jade, Obsidian* und *Türkis.* In Südamerika kamen noch Berylle und Smaragde dazu. Allen Edelsteinen wurden starke Zauberkräfte zugesprochen. Meist stand ihr magischer Gebrauch mit der Prophetie in Zusammenhang. Wenn Edelsteine zum Zaubern dienten, wurden meist Zaubersprüche über sie geprochen. Oft nahmen die Wahrsagepriester psychedelische Pflanzen ein, um die Zauberkräfte der Steine zu nutzen. Eine der vielbenutzten Zauberpflanzen trug den Mayanamen *xtabentun,* „Edelsteinkordel" *(Turbina corymbosa).*

Lit.: ALDRED 1978, ANDERSON 1981, BHATTACHARYA 1985, BIEDERMANN 1986, BRUSIUS 1988, CHOCRON 1984, CROW 1980, EVANS 1967, FERNIE 1973, FRIESS 1980, FUCHS 1988, GHOSN 1984, GUHLMANN o.D., GUHR und NAGLER 1989, HILDEGARD VON BINGEN 1979, JOHARI 1987, KLEMM 1981, KUNZ 1971, 1973, MOOKERJEE 1977, 1982, PECH 1976, RÄTSCH 1986a, STEINER 1896.

FEUERSTEIN

Syn.: Büchsenstein, Flint, Flintstein, Flintenstein, Hornstein, Hühnergötter, Kiesel, Pedernales

Geo.: Feuersteine sind Kieselsäureausscheidungen in kalk- oder kreidehaltigen Schichten.

Feuerstein hat vielleicht von allen Steinen den größten Einfluß in der Geschichte der Menscheit gehabt. Aus ihm wurden seit der Altsteinzeit Waffen, Geräte und Werkzeuge aller Art gefertigt (vgl. *Artefakte).* Dadurch wurde der Stein sicherlich zu einem Heiligtum und genoß hohes Ansehen. Außerdem konnte man in Verbindung mit *Pyrit* (siehe dort) dem Stein Feuer entlocken.

Schon im Altertum wurde er als heiliger Zauberstein verehrt. Selbst die Bibel weiß davon zu berichten, daß er ehemals auf dem Altar des Tempels rituell geschlagen wurde. Es heißt, er habe die Kraft, das Albdrücken zu vertreiben. Im PHYSIOLOGUS, einem altgriechischen Naturkundebuch in frühchristlicher Deutung, heißt es „Von den Feuersteinen" (Cap.37):

„Es gibt Steine, die heißen feuerwerfend. Wenn diese Steine sich jemand nähern, entzünden sie alles, was ihnen begegnet. Denn sie sind von solcher Natur, männlich und weiblich, wenn sie weit voneinander entfernt sind; wenn sie sich einander aber nähern, entzünden sie aneinander und alles, was gerade dazwischen ist." Möglicherweise sind Feuerstein (Flint) und Pyrit gemeint. Vielleicht wurde mit beiden Steinen Liebeszauber geübt.

Manche Menschen glaubten, daß der Feuerstein entsteht, wenn ein Feuer vom Himmel auf die Erde fällt (vgl. *Sternsteine).* Die magische Macht des himmlischen Feuers konkretisierte sich im Stein. Er wurde zu einem Zauberstein, denn mit seinem Feuer, seiner Schärfe und Wirkung konnte das Geschick der Menschen beeinflußt werden.

Im Norddeutschen Geschiebe gibt es häufig Feuersteinknollen. Gelegentlich haben sie Löcher. Solche Steine heißen Hühnergötter. Wenn man durch sie durchblickt, soll man Glück bekommen (vgl. *Lochstein*). Die Herkunft des Namens ist unklar. Möglicherweise sind mit „Hühnern" die Hünen, vorweltliche Riesen und mythische Erbauer der Hünengräber, gemeint. Vielleicht wurden die Hühnergötter dereinst von einer untergegangenen Rasse kultisch verehrt.

Die peruanischen Schamanen benutzen Feuersteine bei ihren nächtlichen Heilséancen, um angreifende Geister zu vertreiben.

Lit.: LÜSCHEN 1979, SHARON 1980.

FIGURENSTEINE

Syn.: Lusus naturae, Naturspiele, Naturspielchen
Geo.: meist Konkretionen oder verwitterte Steine, Fossilien allgemein.

Als die Natur der Fossilien noch nicht erkannt war, wurden die so sonderlich geformten oder figurierten Steine als Naturspiele betrachtet und auch als reine Produkte des Zufalls bewertet. Dies geschah besonders durch den Einfluß der Kirche, die eine andere Erklärung ablehnte.

Der Begriff Figurenstein wurde für viele Zaubersteine benutzt. Die Figur, die der Stein darstellt, kann durch ihn magisch gebannt, abgeschreckt, angezogen oder sonstwie manipuliert werden (vgl. *Konkretionen, Koprolithe, Lößkindl*). In der schamanischen Tradition werden auffällig geformte Steine gesucht, mit denen man intuitive Informationen erwecken und in denen man die sogenannte „geheime Sprache der Natur" lesen kann. Die peruanischen Schamanen sammeln in prähistorischen Grabanlagen und Tempeln figurierte Steine, die sie bei ihren Heilritualen als Zaubersteine verwenden können. Sie benennen die Steine je nach ihrer Gestalt: Schlangenstein, Meerschweinchenstein, Papageienstein, Herzstein, Nierenstein, Phallusstein, Eulenstein, Vampirstein, Keulenstein, Weizenstein usw. Die Steine können ihre Kräfte auf die Dinge, an die sie erinnern, einwirken lassen. Diese Kräfte knnnen nur vom Schamanen erweckt werden, wenn er sich in einem veränderten Bewußtseinszustand durch den Einfluß eines San Pedro-Trankes (aus dem meskalinhaltigen Kaktus *Trichocereus pachanoi*) befindet.

Lit.: EDWARDS 1967, RUDWICK 1976, SHARON 1980.

FISCHSTEINE

Syn.: Steinfische, versteinerte Fische

Die ersten Fische sind im Ordovizium entstanden. Seither bevölkern sie die Weltmeere, Flüsse und Seen. Es gibt ca. 1000 Gattungen fossiler Fische. Obwohl fossile Fische recht häufig sind, haben sie kaum kulturelle Bedeutung erlangt. Nur die wunderschönen Fische von Monte Bolca (Eozän, Italien) wurden bereits im 17. Jahrhundert abgebaut, um als Kuriositäten gehandelt und in den Kunst- und Wunderkammern ausgestellt zu werden. Im europäischen Altertum waren fossile Fische anscheinend unbekannt. Sie waren lediglich im alten China bekannt. Dort wurden sie *shüh yu*, „Steinfische", genannt, magisch und medizinisch genutzt.

Im *Pen ts' ao kang mu*, dem klassischen Kräuterbuch des Li-shi shen, heißt es: „Im Westen der Präfektur K'i, siebzig *li* von der Unterpräfektur Long entfernt, gibt es eine Grotte, die *Höhle der Drachen und Fische* genannt wird. Dort findet sich ein Stein, der bald groß, bald klein ist. Zerbricht man ihn und forscht sein Inneres aus, so gewahrt man Figuren von Drachen und Fischen. Die vor dieser Höhle vorbeigehen, hören auf zu sprechen. Sie vernehmen ferne Geräusche von Donner und Sturm. Vor Schrecken bleiben sie stehen. Kein Mensch versteht diese Geräusche."

Die Fischfossilien von der Gattung *Licoptera* aus dem Hsiang-hsiang Hsien und Lung-hsi in Kansu wurden als Zaubersteine für eine reiche Ernte benutzt. Außerdem sollten sie die Kraft haben, die Silberfischchen *(Lepisma saccharina)* und andere Insekten, die Stoffe, Leder und Papier zerfressen, fernzuhalten. Da der Fisch ein altes Phallussymbol ist, wurden die Fischsteine als potenzstärkende Mittel eingenommen.

Lit.: Annocia 1981, Eberhard 1980.

GÖTTERRÄDER

Syn.: Cakra des Vishnu, Saligrame

Pal.: Ord. *Ammonoidea;* diverse Gattungen aus den Spiti-Shales; Oberjura-Untere Kreide.

Im indischen Himalayagebiet liegt das Spiti-Tal. Dort stehen Schichten an, die *Ammoniten* (siehe dort) enthalten. Sie sind den *Saligramen* (siehe dort) aus dem Kali Gandaki-Tal sehr ähnlich, werden aber „Götterräder" *(cakra)* genannt. Sie werden seit alters her von den Einheimischen gesammelt. Sie gelten als kraftvolle Amulette, die dem Bergwanderer einen sicheren Fuß, Kraft und gutes Glück bringen. Sie werden gewöhnlich am Talgrund aufgesammelt und

solange mitgetragen, bis eine Paßhöhe erreicht ist. Dort wird das Götterrad aus Dankbarkeit den Berggöttern geopfert. An einigen gefährlichen Pässen haben sich über Jahrhunderte hinweg gewaltige Hügel von Ammoniten angesammelt.
Buddhisten sehen in den Götterrädern eine Manifestation des Dharma-Rades, welches wiederum ein Symbol Buddhas ist und das Weltgesetz bestimmt. Somit eignen sich die Ammoniten als Meditationsobjekte. Wer die Spiralnatur des Rades betrachtet, kann in sich die Gesetze des Kosmos erkennen. Die Hindus sehen in den Götterrädern ein Symbol der Erleuchtung des Suchenden oder des Pilgers: „Die Spiralnatur dieser Erleuchtungsfahrt, der verschlungene Pfad, auf den solche langen und mühsamen Reisen den Menschen führen, findet in der Natur Abbild und Bestätigung. Wie bei der Wirbelbildung von Wolken und Wasser, die den Weg der Drachen in Geheimnis hüllt, verquirlen sich die vieldeutigen Naturkräfte hinter ihm zu großen Wirbeln." (PURCE 1988: 53).
Somit ist ein Götterrad ein Zeichen der Natur, dem der Pilger, der Suchende zu folgen hat. Das Götterrad ist ein Zauberstein, der das Bewußtsein verwandelt.

Lit.: ABEL 1939, PURCE 1988, RICHTER 1982.

Abb. 28: Das Rad des Gesetzes. (Nach einem tibetischen Holzblockdruck)

GOLDSCHNECKEN

Syn.: Ammonis cornu aureum, Goldammoniten, Schneckle, Silberschnecken
Pal.: Ord. *Ammonoidea;* Dogger
Dieser volkstümliche Name bezeichnet pyritisierte, durch Oxydation äußerlich

in Limonit umgewandelte *Ammoniten* (siehe dort) aus dem Mittleren Jura (Dogger). Diese herausgewitterten Ammoniten waren früher am Staffelberg bei Staffelstein und bei Bamberg in Franken häufig als Oberflächenfunde zu finden. Heute sind sie sehr selten geworden. Die Goldschnecken erregten schon die Aufmerksamkeit und Phantasie der Menschen im Mittelalter. Sie galten – wegen der goldenen Färbung und der Spiralform – als kräftige magische Amulette mit besonderen Wirkungen gegen Hexen und Krankheiten. Man glaubte, daß die „Goldschnecken" durch magisches Einwirken zu Stein gewordene Schnecken seien. Sie wurden auch als Glücksbringer getragen. Man schrieb ihnen auf Grund ihrer Goldfarbe die magische Eigenschaft zu, dem Besitzer oder Träger eines solchen Steines mit Gold und Reichtum zu segnen.

Gattungen und Arten der als Goldschnecken bekannten Ammoniten:

Fam. *Perisphinctidae*
Grossouvria sulcifera (OPPEL) — Callovium
Gulielmites jason (REINECKE) — Callovium; Dogger zeta

Fam. *Kosmoceratidae*
Kepplerites sp. — Ornatenton; Dogger
Kosmoceras sp. — Ornatenton; Dogger

Fam. *Macrocephalitidae*
Macrocephalites tumidus (REINECKE) — Unter-Callovium
Macrocephalites spp. — Dogger

Lit.: RICHTER 1981 und 1982.

HAIFISCHZÄHNE

Syn.: Donnersteine, Glossopetra, Glottis, Gracirhynchi, Krähenzungen, Lamiodonten, Lapillus, Lapis petraglossa, Natterzungen, Natternzünglein, Nazhi, Ophioglossae, Pierres de St.Paul, Schlangenhörner, Schlangensteine, Schwalbensteine, St.Paul-Steine, St.Paul-Zungen, Steinzungen, Vogelzungen, Zungensteine

15: Ein Ammonit (*Eupachydiscus*; Obere Kreide) aus Hokkaido als Suiseki-Stein aufgebaut. (Sammlung und Foto: Rätsch)

16: Azurit-Knollen aus Utah. Sie werden zu den magischen Farben für die Sandbilder zermahlen. (Mineralien-Zentrum; Foto: Rätsch)

Pal.: Klasse *Pisces,* Ord. *Selachii,* Unterord. *Galeoidei,* hauptsächlich die Gattungen *Carcharodon, Odontaspis;* Tertiär bis rezent.

Haifische im weiteren Sinne treten erstmals im Devon in Erscheinung. Aber erst zu Ende der Jurazeit sind die Haie im engeren Sinne (Moderne Haie) entstanden. Die Vorläufer des heutigen Menschenhaies *(Carcharodon carcharias)* entwickelten sich im Paläozän. Der größte jemals existierende Hai war der bis zu 30 m lange *Carcharodon megalodon.* In eozänen Ablagerungen finden sich häufig die phosphatisierten Zähne dieser gewaltigen Fische. Es gibt *Carcharodon megalodon*-Zähne, die bis zu 15 cm hoch sind! Wichtige Vorkommen fossiler Haifischzähne sind auf Malta, in den marokkanischen Phosphatbetten und in den fossilreichen Ablagerungen Floridas.

Fossile Haifischzähne wurden schon in der Steinzeit gesammelt und verarbeitet. Sie erregten aufgrund ihrer eigenartigen Form, ihrer steinernen Abkunft und scharfen Kanten die kulturelle Aufmerksamkeit.

Schon die alten Ägypter benutzten durchbohrte fossile Haifischzähne *(Carcharodon).* Seit der 22. Dynastie tauchen diese *nazhi* genannten Zaubersteine als Schutzamulette auf. Oft wurden sie in Gräbern mitbestattet.

Abb. 29: „Vom Himmel fallende Steine"; der Haifischzahn jagt auf einen Schlafenden zu. (Aus Reisch, *Margarita philosophica,* 1508)

PLINIUS schrieb, die *Glossopetrae*, die „Steinzungen", sind überirdischen Urpsrungs. Sie fallen bei abnehmendem Mond vom Himmel. SOLINUS vermerkte, daß man mit diesen Zaubersteinen die Bewegungen des Mondes beeinflussen könne. Bei den alten Germanen herrschte die Vorstellung vom Mondwolf (auch Hati, Fenriswolf, Managarmr), der den Mond regelmäßig oder bei Finsternissen verschlingt. Dabei brechen ihm gelegentlich Zähne aus dem Rachen, die dann auf die Erde fallen und im Fels zu finden sind. Diese sind durch ihre himmlische Abstammung zauberkräftig. Es gab auch die Vorstellung, daß die Steinzungen als Donnersteine beim Gewitter vom Himmel stürzen (vgl. *Donnerkeile, Sternsteine*).

Im Zuge der Christianisierung Europas wurden auch die alten heidnischen Mythen umgedeutet. Die ehemals vom heidnischen Himmel herabtropfenden Zaubersteine waren nun die zu Stein gewordenen Schlangenzungen. Sie waren entstanden, als der heilige Paulus das Natterngezücht verflucht hat.

Haifischzähne spielten im Mittelalter und in der frühen Neuzeit eine wichtige Rolle als magische Heilmittel und wurden im großen Stil in den frühen Apotheken verarbeitet und vertrieben. *Carcharodon*- und *Odontaspis*-Zähne wurden in Alkohol eingelegt oder pulverisiert gegen epileptische Anfälle, Fieber, Pocken, Darmwürmer und Vergiftungen aller Art eingenommen und als Amulett vor Behexung getragen. „Die Nattern-Zungen hänget man an den Hals oder traget sie an den Armen", schrieb VALENTINI. Die Steinzungen sollten aufgrund ihrer Schärfe eine magische Schutzwirkung vor dem Bösen Blick, vor dem Schrecken, den Alben und anderen Dämonen ausüben. Sie sollten auch vor Behexung schützen. Noch heute werden sie eingefaßt und als Amulette oder Amulettschmuck getragen. Sie gehören zu den Amuletten der bayerischen Schariwari und der Fraisketten. Es wurde zwischen den Glossopetrae minores *(Lamna, Odontaspis)* und den Glossopetrae majores *(Carcharodon)* und den Glossopetrae minimae *(Carcharias glaucus)* unterschieden.

Archäologische Funde haben gezeigt, daß fossile *Carcharodon*-Zähne von den Indianern Floridas und der angrenzenden Gebiete mehrfach verwendet worden sind. Sie wurden durchbohrt und als Amulett oder gute Medizin getragen. Eindeutig wurden den steinernen Zähnen magische und medizinische Qualitäten zugeschrieben. Einige Funde zeigen Gravuren, die auf einen rituellen Gebrauch schließen lassen. Besonders große Zähne wurden auch als Werkzeuge, spitze und scharfe Zähne auch als Speer-, Atlatl- oder Pfeilspitzen verwendet. Viele Völker, die an Küsten oder auf Inseln leben, sammeln und benutzen rezente Haifischzähne in der gleichen Art, wie die Inlandvölker die fossilen Zähne.

Die Assoziation zwischen Haifischzähnen und Zungen scheint es auch bei

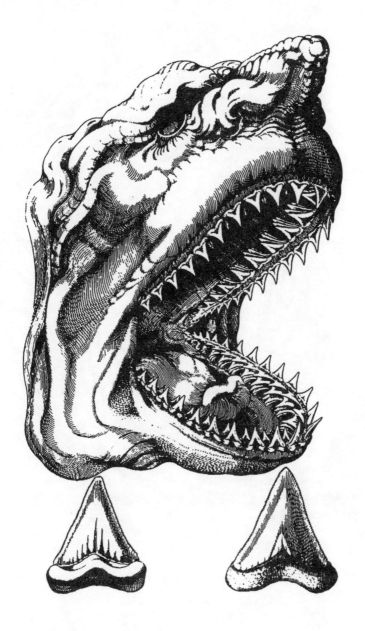

Abb. 30: Darstellung eines Haifischgebisses und der einzelnen Zähne. (Aus STENO, 1667)

Abb. 31: Darstellung einer Glossopetra und eines lebenden Haifisches. (Aus GESNER, 1558)

anderen außereuropäischen Völkern zu geben. Sowohl die alten Maya als auch die Balinesen stellen ihren Sonnengott mit einem einzigen zungenartigen Zahn, der unter der Oberlippe hervorlugt, dar.

Lit.: ABEL 1939, ANNOSCIA 1981, HAGN 1985, HANSMANN und KRISS-RETTEN-BECK 1977, KELLY 1971, MORELLO 1979, VAVRA 1987.

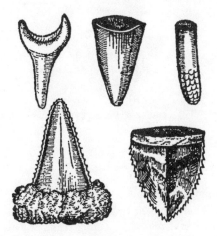

Abb. 32: Verschiedene Steinzungen. (Aus DE BOOT, 1647)

HEILIGENGEIST-SCHNECKEN

Syn.: Taubensteine
Pal.: Stamm *Brachiopoda;* Ord. *Rhynchonellida,* Fam. *Camarophoridae,* Gattung *Stenocisma* syn. *Camarophora sancti-spiritus;* Karbon
Viele *Brachiopoden* (siehe dort) werden mit Tauben und überirdischen Wesen (Engeln, Elfen) in Verbindung gebracht (vgl. *Schwalbensteine, Taubensteine*). Die im Vellachtal in Kärnten häufige Brachiopodenart *Camarophora sancti-spiritus* wird Heiligengeist-Schnecke genannt und als Amulett benutzt. Die Kärntner Bauern erzählen folgende Legende:
„An der Stelle, wo jetzt die ‚Heiligengeist-Schnecken' gefunden werden, stand einst eine Kirche, die dem Heiligen Geist geweiht war. Nach ihrer Zerstörung baute man sie jenseits der kärntner Grenze in Sulzbach wieder auf. Zur Erinnerung an den früheren Standort der Kirche entstanden die ‚Heiligengeist-Schnecken'."

Warum die Brachiopode als „Schnecke" bezeichnet wird, ist weder bekannt noch einleuchtend; sie zeigt nirgends eine Spirale, die sie als Schnecke auszeichnen würde. Betrachtet man sie von der einen Seite, kann man mit etwas Phantasie Tauben oder Engel erkennen. Das gilt als Zeichen des Heiligen Geistes, der in den Steinen wohnt und sie mit himmlischer Zauberkraft erfüllt.

Lit.: HEBEISEN 1978, KAHLER 1925.

Abb. 33: Die an einen Engel erinnernde Heiligengeist-Schnecke. (Nach ABEL, 1939)

HEXENSCHÜSSELN

Syn.: Geodes, Pseudo-Geoden
Geo.: Mineralische Umhüllungen von Sand oder Erde.
In Norddeutschland findet man gelegentlich Limonit, der sich um Sand-, Lehm- oder Erdballen konkretisiert hat. Wenn diese Gebilde erodieren, zerplatzen sie meist in zwei Hälften. Diese schalenartigen Teile heißen Hexenschüsseln. Davon geht die Sage, die in Schleswig-Holstein verbrannten Hexen hätten darin in der Wildnis des Waldes ihre Zaubertränke gebraut. Ob diese merkwürdigen Gebilde tatsächlich als Zaubersteine benutzt wurden, läßt sich nicht mehr eindeutig belegen.
In der Antike waren allerdings ähnliche Steingebilde unter dem Namen Geode, „erdiger Stein", bekannt. PLINIUS schrieb dazu:
„Den Geodes nennen sie deshalb so, weil er Erde umschließt, ist für Augenheilmittel sehr nützlich, auch für die Schäden an Brüsten und Hoden." *(Nat.hist.* 36, 140) Der „erdige Stein" der Alten wurde später auch als Adlerstein gedeutet (vgl. *Achat).*

Lit.: LÜSCHEN 1979, RUST 1983.

HÖHLENPERLEN

Geo.: Unter bestimmten Bedingungen entstehen durch Kalksinterung im Boden von Tropfsteinhöhlen kugelrunde Konkretionen.

In den Höhlen der Dordogne in Frankreich entstehen solche *Konkretionen* (siehe dort), die in Form und Größe an *Perlen* (siehe dort) erinnern. Sie wurden schon früh gesammelt und zu magischen Anhängern verarbeitet. Allerdings ist über ihre kultische Bedeutung sehr wenig bekannt.

JADE

Syn.: Chalchihuite, Ijada, Lendenstein, Nephrit, Nierenstein, Pounumu, Ya'axtun, Yada, Yü

Min.: Jade ist ein Gestein bestehend aus den beiden Mineralien Jadeit, $NaAl[Si_2O_6]$, monoklin, oder Nephrit, $Ca_2(Mg,Fe)_5[OH|Si_4O_{11}]_2$, monoklin

Jade kommt hauptsächlich in China, Guatemala, Kanada, Birma, Belice und in Neuseeland vor. Sie ist ein derbes, gut zu bearbeitendes Gestein, das meist matt-grünlich, manchmal gelb, grau, orange, weiß oder rötlich gefärbt ist. Sehr selten ist sie leuchtend grün und durchscheinend (sogenannte Imperial-Jade). Jade spielte im alten Amerika eine wichtige Rolle als Ritualobjekt und Zauberstein. Er wurde erstmals von den Spaniern im 16. Jahrhundert beschrieben. Sie berichteten, die Indianer benutzten den Stein als Amulett und Heilmittel bei Nierenleiden. In präkolumbischer Zeit wurden aus der Jade Götterfiguren, Masken, Spinnwirtel, Kettenglieder, Anhänger und Zeremonialäxte geschnitten (vgl. *Artefakte*). Sie waren die wertvollsten *Edelsteine* (siehe dort) der Maya, Olmeken und der benachbarten Völker. Die Azteken benannten mehrere Götter und Göttinen nach der Jade *(Chalchiuhtlatonac, Chalchiuhtlicue)*. Die Jade war das Symbol des Lebens schlechthin. Jadeamulette wurden oft in den Schalen der heiligen Dornenauster *(Spondylus princeps,* seltener *Spondylus americanus;* vgl. *Krötenschüsseln)* aufbewahrt und den Toten bei der Bestattung auf den Bauch gelegt. Die Jadeperlen und Spinnwirtel, die noch heute von den Indianern Mexikos und Guatemalas bei der Feldarbeit gefunden werden, gelten ihnen nach wie vor als starke Zaubersteine, werden meist als Perlen der Götter gedeutet und ähnlich wie *Lochsteine* (siehe dort) benutzt.

Eine ähnliche Bedeutung erlangte die Jade (chin. *yü*) in China. Dort galt sie als Allheilmittel und Zauberstein, der Macht und Unsterblichkeit verleihen konnte. Die Chinesen schnitzen aus Jade viele magische Geräte, darunter vulvaförmige Becher, aus denen dadurch gestärkte Lenzmittel (= Aphrodisiaka) getrunken wurden. Jadeamulette verdrängten schnell die im prähistorischen China viel benutzten Kaurischnecken (sogenanntes „Ameisen-Nasen-Geld"; vgl. *Muttersteine*) als Grabbeigaben, die den Toten in die Nasenlöcher gesteckt wurden. Sie verhinderten, daß die Seelen von Dämonen zu früh aus dem Körper gezogen werden. Man legte überhaupt den Toten Jade in den Mund, damit die Fäulnis verhindert werde. Erstaunlicherweise war die Jade sowohl im alten China, als auch im alten Amerika mit Leben, Tod, und Seelenreise verbunden. Auf Neuseeland stellten die Maori aus Jadesplittern Amulette her, die Fruchtbarkeit bewirken sollten.

Lit.: CHU 1982, EBERHARD 1983, LUZZATTO-BILITZ 1974, TIBON 1983.

JASPIS

Syn.: Aspu, Astrios, Jaspeh, Jasper
Min.: Mineral der Quarzgruppe (vgl. *Achat*)
Im Altertum wurde der Begriff Jaspis auf viele Quarzminerale angewandt; „Von allen sagt man, sie würden als Amulette zur Beschleunigung der Geburt getragen." (DIOSKURIDES V, 159) Er war einer der beliebtesten Amulettsteine im alten Ägypten und Judäa.
In der Bibel gilt er als edelster unter den Steinen. Der Jaspis des Altertums war durchscheinend und von grüner Farbe. Im orphischen Steinbuch wird dessen Wertschätzung beschrieben:
„Wer mit dem geglätteten frühlingsfarbenen Jaspis kommt und Opfer bringt, erfreut das Herz der Götter, und sie werden ihm die dürren Felder mit Wolken tränken."
Bei den alten Germanen schien er als Zauberstein verwendet worden zu sein. Er soll in Siegfrieds unzerstörbarem Zauberschwert Balmung eingelassen gewesen sein. HILDEGARD VON BINGEN hat die medizinischen Zauberwirkungen des Jaspis ausführlich beschrieben und dessen Kraft Dämonen, Trug- und Traumbilder zu verscheuchen gelobt. KONRAD VON MEGENBERG schrieb über die Zauberkraft des grünen Jaspis:
„Trägt ihn ein keuscher Mensch, so bleibt er vom Fieber und der Wassersucht verschont. Er hilft ferner den Frauen während der Geburt und macht, wenn er mit dem Steinsegen gesegnet ist, seinen Träger sicher und angenehm, vertreibt auch die bösen Gesichte im Schlaf."
In Indien und im Himalayagebiet sind Jaspisamulette nach wie vor beliebt.

Lit.: GUHR und NAGLER 1989, LÜSCHEN 1979.

JUDENSTEINE

Syn.: Auflösungssteine, Lapis Judaicus, Melonen vom Berge Carmel, Syriacus, Thecolithus

17: Farbenprächtiger Achat aus Montana. (Sammlung und Foto: Rätsch)

18: Die herausgewitterte Kammerfüllung eines Baculiten gilt den Indianern als heiliger Büffelstein. (Sammlung und Foto: Rätsch)

19: Dieser Koprolith aus Washington erinnert an eine Schlange. (Sammlung und Foto: Rätsch)

Pal.: Stacheln von regulären Seeigeln; Ord. *Cidaroida*, Fam. *Cidaridae*, Spezies *Cidaris glandaria*; Oberkreide
Obwohl die fossilen Seeigelstachel in allen oberkreidezeitlichen Ablagerungen zu finden sind, waren sie früher hauptsächlich aus der Kreide von Palästina bekannt. Dort kommen sie als Oberflächenfunde am Ölberg vor. Sie wurden von den Kreuzfahrern als wundertätige Mittel, Wallfahrtsandenken und magische Medizinen nach Europa gebracht. Sie wurden bis ins 20.Jahrhundert hinein als Wallfahrtsandenken verkauft.
Im Altertum waren sie als magische Heilmittel bekannt. DIOSKURIDES faßte das antike Wissen zusammen:
„Der Judenstein entsteht in Judäa, ist eichelförmig, weiss, sehr ebenmäßig gebildet und hat wie nach Schnur parallellaufende Streifen; verflüssigt ist er geschmacklos. Wird er in der Größe einer Erbse als Kollyrion auf dem Reibstein mit 3 Bechern Wasser verflüssigt und getrunken, so hat er die Kraft, bei Harnverhalt zu helfen und die Blasensteine zu zertrümmern." (V, 154)
In den frühen Apotheken wurden Judensteine als Heilmittel bei Blasen- und Nierensteinen geführt. Man unterschied die Judensteine nach männlichen und weiblichen. Die runderen Stacheln wurden mit den weiblichen Brüsten assoziiert, die länglichen mit dem Phallus. Sie dienten deshalb auch als Fruchtbarkeitsamulette und Schutz vor Impotenz durch Behexung. Der Gebrauch als Phallusstein ist sehr alt (vgl. *Shiva-lingam*). Aus dem norddeutschen Paläolithikum sind durchbohrte fossile Seeigelstacheln bekannt.
In einer steinzeitlichen Höhle in Moravia sind Seeigelstacheln aus dem Wiener Becken (Tertiär) gefunden worden, die offensichtlich rituelle Bedeutung hatten. In alten Gräbern im Libanon und Ägypten sind ebenfalls Seeigelstacheln aus dem Jura entdeckt worden.

Lit.: ABEL 1939, ANNOSCIA 1981, GRUBER 1980.

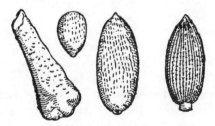

Abb. 34: Verschiedene Judensteine. (Aus GESNER, 1558)

KATZENAUGEN

Syn.: Shiva-Augen, Santa Lucia-Augen, Strawberry tops, Umbilicus venerea, Venusnabel
Bio.: Operculi (Deckel) von Turbanschnecken; Stamm *Mollusca*, Ord. *Archaegastropoda,* Fam. *Turbinidae*; rezent.

Die kalkigen Deckel der rezenten Turbanschnecken werden seit frühesten Zeiten zu den Steinen gezählt, obwohl sie rein organischer Natur sind. Sie werden oft am Strand gefunden und meistens Katzenaugen genannt. Sie erregten schon in der Steinzeit die Aufmerksamkeit des Menschen. Die runden, auf einer Seite leicht gewölbten, sonst flachen „Steine" zeigen auf der flachen Seite eine Spirale, auf der gewölbten oft leuchtende, grüne oder rote Farben. Sie gehören sicherlich zu den ältesten Amuletten der Menschheit. Sie werden seit Anbeginn mit Augen assoziiert. Schon im vordynastischen Ägypten wurden Katzenaugen (von *Turbo petholatus*) den Mumien in die leeren Augenhöhlen gelegt. Überall in Ozeanien wurden Katzenaugen als Maskenbesatz, meist als Augeneinsatz benutzt. An der nordamerikanischen Westküste setzten die Indianer ihren Masken die Deckel von *Turbo fluctuosus* als Augen ein. In Indien gelten die Deckel von *Turbo petholatus* als Shiva-Augen. Dabei stellen sie das Dritte Auge in der Mitte der Stirn des Gottes dar. Das Dritte Auge hat den mystischen Blick und eröffnet Wege in andere Wirklichkeiten. So wurden die Katzenaugen zu tantrischen Zaubermitteln und religiös verehrten Objekten. In ihnen kann sich die magische Kraft des schöpfenden und zerstörenden Gottes manifestieren. Aber nur der eingeweihte Tantriker kennt die Mantren, mit denen die Zauberkraft des Shiva-Auges zu aktivieren und zu lenken ist.

Die Ifugao von der philippinischen Insel Luzon stellten zeremonielle Gürtel aus den rundgeschliffenen Deckeln von *Turbo marmoratus* her. Die mittlere, größte Scheibe heißt *upud* und stellt den Gott der Geburt, Pumupud, dar. Dieser Gott ist unheilbringend, denn er verschließt den Geburtskanal, wie die Schnecke ihr Haus. Der Gürtel soll allerdings verhindern, daß sich der Gott unheilvoll auswirkt.

In Ozeanien wurden die großen Deckel von *Turbo marmoratus* und *Turbo jourdani* als Amulette zur sanften Geburt benutzt. Als die Europäer die Südsee erkundeten, brachten sie diesen Brauch mit zurück. Die Deckel der Turbanschnecken wurden schnell zu magischen Steinen, die ebenfalls zur Einleitung einer leichten Geburt verhelfen sollten, die giftwidrig sind und die vor schwarzer Magie und Hexerei schützen sollten. Oft wurden die wertvollen Katzenaugen in Gold oder Silber gefaßt. Sie wurden in den frühen Apotheken als Heilmittel von Augenkrankheiten und unter dem vielverheißenden Namen Ve-

Abb. 35: Kupferstich verschiedener Operculi; unten vier Katzenaugen; rechts darüber eine Räucherklaue (*onycha*). (INGRAM, 1766)

nusnabel als Aphrodisiakum verkauft. Hatten die Deckel eine Erhöhung, so hießen sie „Hochvater", hatten sie eine Vertiefung, so hießen sie „Hochmutter". Sie sollten entsprechend ihres Geschlechtes von Männern und Frauen zur Erhöhung der Fruchtbarkeit getragen werden. Es wurden die Deckel folgender Turbanschnecken benutzt: *Turbo argyrostomus, Turbo fluctuosus, Turbo marmoratus, Turbo petholathus* (bevorzugt), *Turbo pulcher, Turbo reevei, Turbo sarmaticus, Turbo whitleyi* und *Astrea rugosa*.

Sehr weit verbreitet ist der Glaube an den unheilbringenden Bösen Blick, der von bestimmten Menschen unbewußt ausgeht oder niederträchtigerweise bewußt auf ihre Opfer gelenkt wird. Die Folgen des Bösen Blickes sind meist Krankheiten, deren Ursache sonst nur schwer erklärlich ist. Besonders Frauen und kleine Kinder sind vom Bösen Blick gefährdet. Säuglinge können daran sterben (durch übermäßiges Schreien), Frauen können aber unfruchtbar werden oder Krankheiten an den Geburtsorganen bekommen. Seit dem Altertum suchen die Menschen nach wirksamen Amuletten und Schutzzaubern vor dem Bösen Blick. Das verbreitetste Amulett gegen den Bösen Blick ist das Katzenauge. Noch heute werden in vielen Teilen der Welt (Italien, Mexiko, Südostasien) Amulette aus Katzenaugen gefertigt. Oft werden Katzenaugen zu Schmuck verarbeitet, der seine Besitzer allgemein vor schlechten Einflüssen schützen soll.

Es gibt auch ein Mineral, das Katzenauge genannt wird. Es gehört zur Quarzgruppe (vgl. *Bergkristall*). Es besteht aus Quarz und eingelagerten Hornblendefasern und sieht dem Tigerauge sehr ähnlich, hat aber einen grünblauen Schimmer. In Indien heißen verschiedene Chrysolith-Mineralien Katzenauge. Sie zählen zu den magischen *Edelsteinen* (siehe dort).

Lit.: HÖRANDNER 1985, JOHARI 1987, NEMEC 1976, PACHINGER 1912, SAFER und GILL 1982.

KATZENPFÖTCHEN

Syn.: Wirbelsteine
Pal.: Ord. *Ammonoidea*, Fam. *Ancylocerataceae*, Art *Ancyloceras sp.;* Untere Kreide

Auf der Düne der kleinen Nordseeinsel Helgoland findet man am Strand gelegentlich kleine schwarze Steine, die etwas an die Pfoten einer Hauskatze erinnern. Sie heißen im Helgoländer Volksmund Katzenpfötchen und wurden früher als Amulette getragen. Bei den Katzenpfötchen handelt es sich um abgerollte Kammerausfüllungen heteromorpher *Ammoniten*

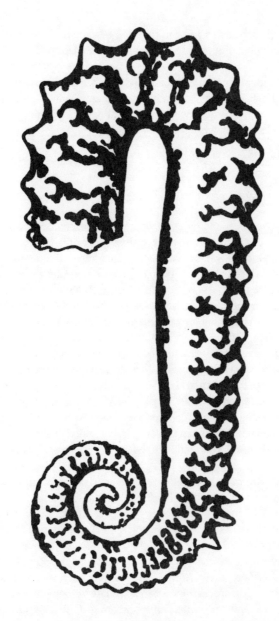

Abb. 36: Entrollter Ammonit des Genus *Ancyloceras*, dessen herausgewitterte Kammerfüllungen als Katzenpfötchen gelten. (Zeichnung: Sebastian Rätsch)

(siehe dort). Sie sehen den indianischen *Büffelsteinen* (siehe dort) sehr ähnlich. Leider ist über ihre ehemalige magische Bedeutung kaum etwas bekannt.
Im 18. Jahrhundert wurden die Katzenpfötchen als Kammerfüllungen von Ammoniten, bzw. *Kammerschnecken* angesehen. Damals glaubte man, die einzelnen Kammern würden lose zusammenhängen und könnten beim lebenden Tier wie Gelenke bewegt werden.

Lit.: RICHTER 1982, STÜHMER, SPAETH und SCHMID 1982.

KONKRETIONEN

Syn.: Ahlashiwe, Fetische, Figurensteine, Hexenschüsseln, Höhlenperlen, Knollen, Lößkindl, Naturspiele, Saligrame, Shiva-lingam, Steinfiguren
Geo.: Knollenförmige, oft unregelmäßig gestaltete Mineralausscheidungen (Limonit, Pyrit, Markasit, Hämatit, Kalk, Tonmineralien) in Sedimenten, welche meist von einem Kern aus nach außen gewachsen sind. In den Kernen befinden sich oft Fossilien (z.B. Ammoniten). Gelegentlich Zusammenklumpungen von Sintermineralien, Verbackungen von Sanden, Tonen, Kalken.

Konkretionen haben oft eigentümliche Formen, die mit etwas Phantasie als Abbilder bestimmter Tiere, Pflanzen, Menschen, Gegenstände oder Himmelserscheinungen gedeutet werden können. Konkretionen wurden seit Anbeginn der Menscheit magisch genutzt. Es gibt Beispiele für einen kulturellen Gebrauch von verschiedensten Konkretionen aus allen Zeiten und von allen Völkern. In manchen Gegenden finden sich besonders bizarre Konkretionen, die oft als Zaubermittel Verwendung fanden (vgl. *Figurensteine, Hexenschüsseln, Höhlenperlen, Lößkindl*).

In Nordamerika wurden Konkretionen als materielle Ausdrücke kosmischer Mächte betrachtet. Sie galten als Kraftobjekte, die als Fetische, Zaubermedizin, Amulette, Talismane und Objekte religiöser Verehrung benutzt wurden. Die ältesten Fetische aus dem Südwesten sind Konkretionen, die mit Leder, Muscheln, Schnecken, *Lochsteinen* (siehe dort), *Türkisen* (siehe dort) behängt sind. Diese seltenen Fetische genießen noch heute bei den Zuni Hochachtung. Sie heißen *Ahlashiwe*, „Stein-Ahnen". Sie sind lebendig, sehr kraftgeladen und gelten als zu Stein gewordene Menschen und Tiere vergangener Zeiten. Diesen Fetischen werden Opfer gebracht. Dafür bringen sie Glück und Gesundheit und halten das Gleichgewicht zwischen Mensch und Kosmos.
Rote Hämatit-Konkretionen in der Form kleiner Medizinbeutel haben ma-

gisch-medizinische Qualitäten. Sie werden bei allen Arten von Leiden über die Haut gerieben. Bei Vergiftungen nimmt man sie in den Mund. Pyrit-Konkretionen aus Kansas werden gerade zu modernen Zaubersteinen gemacht (vgl. *Boji-Steine*).
In der ethnographischen Literatur werden abgerollte *Koprolithe* (siehe dort) oft fälschlich als Konkretionen beschrieben.
Fossilhaltige Konkretionen sind oft magische oder religiöse Objekte: vgl. *Saligrame, Shiva-lingam, Schlangensteine*.
Phallische Konkretionen gelten weltweit als magische Potenzmittel, Liebeszauber und Götterbilder (vgl. *Tropfsteine*).

Lit.: BARNETT 1973, BRANSON 1976, KROEBER 1983.

KOPROLITHE

Syn.: Figurensteine, Konkretionen (fälschlich), Kotsteine
Pal.: fossile Kotballen, „versteinerte" Exkremente von Wirbeltieren.
Koprolithe gehören zu den selteneren fossilen Spuren vorzeitlicher Lebewesen. Ein bekannter Fundpunkt für Koprolithe ist die Grube Messel bei Darmstadt. Dort werden häufig die meist bräunlichen, seltener weißen Exkremente von Krokodilen *(Diplocynodon)* gefunden. Fischkoprolithe sind von Solnhofen bekannt.
Im Süden des Staates Washington und in Oregon werden in Tonen aus dem Oligozän viele vollständige Koprolithe gefunden. Manchmal werden sie nach heftigen Regengüssen herausgewittert und ausgespült. Sie stammen vermutlich von Reptilien, die auf dem Lande lebten (Echsen, Schildkröten). Diese Koprolithe werden seit alters her von nordamerikanischen Indianern gesammelt, als Zaubersteine und Kraftobjekte benutzt. Solche „Steine" haben oft bizarre Formen, in denen man leicht verschiedene Tiere, wie Schlangen, Vögel, Echsen usw. erkennen kann. Ein Stein, der die Gestalt einer Schlange aufweist, birgt in sich die Kraft der Schlange. Wird der so gestaltete und wahrgenommene Zauberstein im Medizinbeutel getragen, so überträgt sich die Schlangenkraft auf den Träger. In den frühen Monographien über nordamerikanische Indianer werden mitunter naturgeformte bizarre, an Tiere erinnernde Zaubersteine mit Amulettcharakter erwähnt. Dabei handelt es sich oft um abgerollte oder erodierte, manchmal nachträglich beschnitzte Koprolithe. Allerdings haben die Ethnographen nicht erkannt, daß diese Zaubersteine versteinerte Exkremente waren (vgl. *Konkretionen*).

KORALLEN

Syn.: Arachneolithen, Astroite, Blumentiere, Corallium, Lapis arachneolithi, Pflanzentiere, Pilzsteine, Spinnensteine, Sternachate, Sternsteine, Tierpflanzen, Wachsende Steine

Pal.: Stamm *Cnidaria*, Klasse *Anthozoa;* Ordovizium bis rezent.

Korallen sind meeresbewohnende, meist in Kolonien (Korallenstöcke) lebende Tiere, die riffbildend wirken. Die Korallenstöcke sind aus Kalk aufgebaut und beherbergen die polypenartigen Tierchen. Im Altertum glaubte man, es seien auf wunderbare Art „wachsende Steine". Fast bei allen Völkern werden auch rezente Korallen zu den Steinen gezählt. Die rote Koralle *(Corallium rubrum)* wird weltweit in die Kategorie der *Edelsteine* (siehe dort) eingereiht. Fossile Korallen sind recht häufig und in der ganzen Welt zu finden. Bis auf wenige Ausnahmen haben sie kaum kulturelle Bedeutung erlangt. Einige silurische Solitärkorallen *(Ketophylum)* wurden als *Pilzsteine* (siehe dort) bezeichnet. Jurassische Korallen der Gattung *Madepore* wurden schon in der Steinzeit als Schmuck- und Amulettsteine benutzt. Sie heißen in England „Tisbury Star Stones" oder „Star Agates" (vgl. *Sternsteine).* Die Korallen aus der Ordnung *Scleractinia,* die im Anschliff oder an der Oberfläche sternförmige Muster zeigen, wurden als Stern- oder Spinnensteine bezeichnet und zu den *Verschreiherzen* (siehe dort) verarbeitet. Die Spinnensteine wurden zu Ringsteinen verarbeitet und dienten als Giftanzeiger und zum Stillen von Blutungen. Verschiedene fossile Korallen wurden in den frühen Apotheken als allgemeine Stärkungsmittel geführt.

Die rote Edelkoralle hat seit der Antike ein hohes Ansehen als Heilmittel und Schmuck- und Zauberstein gewonnen. Der Sage nach entstand sie, als Perseus der Medusa, deren Blick alles Lebendige in Stein verwandelt, das Haupt abschlug und ein Blutstropfen ins Meer fiel. DIOSKURIDES hat das antike Wissen in seiner *Arzneimittel-Lehre* zusammengetragen:

„Die Koralle, welche Einige auch Steinbaum nennen, scheint ein Meergewächs zu sein, aber zu verhärten, wenn es aus der Tiefe gezogen wird und außerhalb des Meeres sich befindet, also fest wird, wenn es eingetaucht gleichsam wird in die uns umgebende Luft. Sie findet sich am meisten an dem Vorgebirge bei Syrakus, welches Pachynon heisst. Als die beste gilt die, welche eine feurige Farbe hat und dem Sandarach oder der gesättigt roten Mennige ähnlich, auch leicht zerreiblich und in der ganzen Masse homogen ist, welche ferner einen tang- oder algenartigen Geruch hat, dabei vielverzweigt ist nach Art der feinen Zimmtzweige. Diejenige, welche in ihrer Masse steinig, rauh, hohl und porös ist, muss man für schlecht halten. Ihrer Kraft nach ist sie adstringierend und sattsam kühlend. Fleisch- und sonstige Wucherungen bringt sie zurück und vertreibt Narben in den Augen... Sie wirkt kräftig bei Blutauswurf und ist ein gutes Mittel gegen Harnverhaltung. Endlich erweicht sie, mit Wasser eingenommen, die Milz." (V, 140) Im Mittelalter wurden aus der Edelkoralle Lebenselixiere, Liebestränke und Allheilmittel hergestellt.

Schon aus dem Altertum sind Korallenamulette bekannt. Dabei handelt es sich entweder um meist in Metall gefaßte kleine Äste oder daraus geschnittene „Feigen", Darstellungen von Fäusten, wo der Daumen zwischen Zeige- und Ringfinger durchgesteckt wird. Phalli aus roter Koralle kommen auch häufig vor. Diese Amulette sollten vor dem Bösen Blick, überhaupt vor allen dunklen Mächten schützen, Krankheiten abwehren, Gifte neutralisieren, Potenz und Fruchtbarkeit fördern. Diese Amulette haben bis in unsere Zeit hinein kaum etwas von ihrer klassischen Popularität eingebüßt. Man findet sie heute genauso in Bayern, in Italien, wie in Südamerika und Japan.

Über die Seidenstraße gelangten rote Korallen nach Asien. Dort wurden sie hochgeschätzt und in gleicher Weise wie in der Antike benutzt. Sie wurden in der ayurvedischen Edelsteinmedizin unersetzlich. Besonders hoch in Ansehen stehen sie heute noch bei den Tibetern und Mongolen. Die Tibeter sind der Meinung, daß die Korallen in verborgenen Winkeln des Himalaya gewachsen sind und zu den mächtigsten Zaubersteinen gehören. Nach einer alten tibetischen Überlieferung stammen die Korallensteine aus den heiligen Seen Tibets (vgl. *dZi-Steine*). Dort kann man sie gelegentlich finden, manchmal ungeformt, manchmal schon als fertige Perlen. Manche Tibeter sagen, die Korallen wachsen in den Wurzeln bestimmter Bäume, sind aber Steine (vielleicht eine Art Baumbezoar; vgl. *Bezoarsteine*). Sowohl Männer als auch Frauen tragen Stücke des kostbaren Steines als Amulett für gutes Glück, ein gesundes und langes Leben, Freude und Zufriedenheit. Korallen werden auch in der tibetischen Medizin zu Pillen verarbeitet. Sie dienen unter anderem als Aphrodisiaka.

Lit.: ANNOSCIA 1981, LEHMANN und HILLMER 1988, NORBU CHOPHEL 1983, RICHTER 1981, WOOD 1983.

KRÖTENSCHÜSSELN

Syn.: Schüsselmuscheln
Pal.: Stamm *Mollusca,* Klasse *Bivalvia,* Ord. *Unionoida,* Fam. *Unioidae;* Genus *Unio lavateri*; Obermiozän.

Muscheln (siehe dort) werden nicht nur seit alters her mit Schüsseln assoziiert, sie werden auch als solche benutzt. Die eigentlich zu den *Schnecken* (siehe dort) zählende Abalone *(Haliotis)* wurde in der frühen Neuzeit als „Schüsselmuschel" bezeichnet, weil sie den kalifornischen Indianern als Teller diente. Schon in der Antike wurden die Schalen von rezenten Muscheln *(Tridacna sp., Hippopus hippopus, Chama lazarus)* als Aufbewahrungbehältnisse für Räucherwerk, magische Schminken (vgl. *Malachit*), Opium und Arzneien benutzt. Dabei sollten sich die in den Muscheln gespeicherten Zauberkräfte auf die darin aufbewahrte Substanz übertragen. Dieses Konzept gibt es auch in der Neuen Welt. Bei den altmexikanischen und altperuanischen Völkern wurden zudem bestimmte Zaubersteine (vgl. *Jade*) in den Schalen der heiligen Dornenauster *(Spondylus princeps)* aufbewahrt. Vermutlich wurde früher auch diese Vorstellung auf fossile Muschelschalen übertragen. Davon zeugt noch die Krötenschüssel (vgl. auch *Hexenschüssel*).

Bei Öhningen am Bodensee stehen miozäne Schichten an. Darin finden sich fossile Süßwassermuscheln *(Unio lavateri)*, die im Volksmund Krötenschüsseln genannt werden und denen der Hauch der schwarzen Magie und Hexerei anhängt. Ob diese Muscheln als Zaubersteine eine Rolle spielten, läßt sich nur erahnen.

Lit.: KRUMBIEGEL und WALTHER 1977, STUCKY 1974.

KRÖTENSTEINE

Syn.: Batrachites, Boraces, Botrax, Bufoniten, Bufonites, Bufotiniten, Chelonites, Crapaudines, Garatronia, Krottenstein, Lapis bufonites

Pal.: meist handelt es sich um fossile Zähne von Fischen; Infraklasse *Holostei*, Gattung *Lepidotes* und *Phyllodus;* Obere Trias bis Untere Kreide

Die Kröte *(Bufo sp.)* ist ein schon in der Steinzeit religiös verehrtes Tier gewesen. Sie spielte bei vielen Völkern eine wesentliche Rolle als magisches Tier oder Gottheit. Bei vielen altmexikanischen Völkern galt die Kröte als göttliches Tier. Im Südwesten Nordamerikas wurden zahllose Krötenfetische aus Stein geschnitten. Die Zauberkraft der Kröte geht vermutlich auf ihre pharmakologischen Eigenschaften zurück. Im Krötengift sind verschiedene, psychedelisch wirksame Tryptamine (Bufotenin) enthalten. Wenn das Krötengift richtig zubereitet wird, kann es innerlich genommen phantastische Visionen gewöhnlich unsichtbarer Welten bescheren. In den Visionen tauchen oft Gottheiten in der Gestalt einer Kröte auf. Darin liegt vermutlich die religiöse Wertschätzung. Die Kröte wird immer als weibliche Gottheit und Symbol der sinnlichen Lust gesehen. Daher wurde sie auch zu einem weltweit verbreiteten Symbol der Gebärmutter. Obwohl die Kröte durch das Christentum verteufelt und dämonisiert wurde, hat sie sich als Votivbild für die Gebärmutter gehalten.

Auch die Vorstellung, daß das Töten einer Kröte Unglück bringt, hat sich bis heute erhalten.
Seit dem Mittelalter steht die Kröte mit Zauberern, Hexen und Teufeln im Zusammenhang. Sie wurde gefürchtet und als Vorzeichen von Schadenzauber betrachtet.
Seit dem Mittelalter sind verschiedene Berichte von Steinen, die mit Kröten assoziiert werden, aufgetaucht (vgl. *Krötenschüsseln*). Weitverbreitet war die Vorstellung, daß im Kopf einer Kröte ein Stein wachse, der mit geheimer magischer Technik gewonnen und zu ungeheuren Zaubereien genutzt werden konnte. Eine andere Version nennt einen Stein, der dadurch entsteht, daß mehrere Kröten dem Krötenkönig auf den Kopf speien. Dadurch „versteinert" der Kopf und fällt ab.
Im Mittelalter wurde der Krötenstein zu den *Organsteinen* (siehe dort) gezählt. KONRAD VON MEGENBERG schrieb über diesen Zauberstein:
„Botrax heißt krottenstein / den tregt ein krot im haupt / und ist zweierlei / ein weis und ist der besser uns ist seltsam / der ander schwartz und tunckel und ist ein wenig geelfarb / der ist der best under den tunklen.
Wenn man den stein auß einer lebendigen krotten nimpt / so hat er englin / wen man in aber nimpt auß einer die lang todt gewesen ist / so hat der krotten gifft die englein vertilget und den stein gebösert.
Wer den stein also gantz verschlindet in eim essen dem durchgehet er alles sein ingeweyd / und reiniget in von aller bösen unsauberkeit / und wen er den

Abb. 37: Die Gewinnung des zauberkräftigen Krötensteines. (Aus *Hortus sanitatis*, 1509).

menschen inwendig geheilt so geht er unden auß im. Die krafft hat der weiß krottenstein / und heissen in die walhen crapadinam. Mann spricht auch das der stein dem vergiff wider sei."

Meist waren es die fossilen Zähne von Kugelfischen, die als Krötensteine gedeutet wurden. Im Harz wurden auch reguläre *Seeigel* (siehe dort) als „gros Krottenstain" bezeichnet.

In den frühen Apotheken wurden Krötensteine als Amulette verkauft. In den Baseler Apotheken gab es Seeigel-Krötensteine als Amulette gegen Frauenbeschwerden zu kaufen. Meist wurden aber die Kugelfischzähne angeboten. Sie wurden als Ringsteine gegen Gifte aller Art verarbeitet. Sie sollten auch gemahlen eingenommen werden, gegen Gifte, Bienenstiche, Entzündungen und Rheuma helfen. Von diesem Zauberstein hieß es, er würde seine Farbe ändern, wenn er in die Nähe eines Giftes gelangt. Außerdem würde er einen Tropfen ausschwitzen, um die Nähe von Gift anzuzeigen.

Die fossilen Kugelzähne trugen auch die Namen Schlangenaugen und *Schwalbensteine* (siehe dort).

Lit.: ABEL 1939, BIEDERMANN 1986, GRUBER 1980, PEYER 1954.

Abb. 38: Der *Lepidotus*-Zahn sieht von unten wie eine Schüssel aus. Er läßt sich gut als Ring fassen.

LAPISLAZULI

Syn.: Aqnu, Asurstein, Chesbet, Lapis, Lasurstein

Min.: Ein Gestein aus Lazurit, $Na_8[Al_6Si_6O_{24}]S_2$, kubisch, Calcit und Pyrit. Der leuchtend blaue Stein fiel früh den Menschen ins Auge. Der beste Lapislazuli kommt aus Afghanistan. Der mit *Pyrit* (siehe dort) durchsetzte Stein galt als Abbild des sternenübersäten Firmaments.

Im alten Ägypten war er ein heiliger Stein und Symbol der Schönheit (vgl. *Edelsteine*). Seine blaue Farbe verband ihn mit dem Himmel und dem Gott Amun (vgl. *Ammoniten*). Zu Juwelen verarbeitet stellte er seine Träger unter den Schutz der Sonne und des Himmels. Die ägyptischen Richter trugen Lapislazuliamulette mit der Inschrift „Wahrheit" um den Hals, wenn sie Recht sprachen. Es wurden auch Skarabäen, ja sogar ganze Götterfiguren daraus gefertigt. Lapislazuliamulette standen bei allen altorientalischen Völkern hoch im Ansehen. Sie wurden bereits im Gilgamesch-Epos, dem ältesten Buch der Welt, erwähnt. Der Stein war mit der höchsten Göttin verbunden.

Lit.: GUHR und NAGLER 1989, KULKE 1976, LURKER 1987.

LAVA

Syn.: A'a, Bimsstein (aufgeschäumte Lava), Pahoe'hoe
Geo.: Der zu Stein erstarrte Vulkan-Ausfluß.
Lava wurde stets als eine magische Substanz betrachtet. In den meisten überlieferten und aufgezeichneten Mythologien sind Vulkane, Eruptionen und Lava mit männlichen Göttern assoziiert. In der Antike war es der Gott der Schmiedekunst Hephaistos-Volcano, der in den Vulkanen lebte. Auf Bali ist der höchste Vulkan der Insel, der Gunung Agung, der Sitz des schöpferischen und zerstörenden Gottes Shiva (vgl. *Shiva-lingam*). Auf Hawai'i ist es jedoch eine Frau: Pele, die Göttin der Vulkane und der Lava. Sie hat die Macht, Land zu erschaffen, aber auch nach Belieben zu zerstören. Wie die vulkanische Tätigkeit ist sie ein komplexer Charakter. Sie ist eruptiv, neidisch, geduldig, geizig, wild, liebevoll, unberechenbar, warm und sinnlich. Die ausgestoßene Lava betrachtet sie als ihre Kinder. In jedem Lavabrocken lebt ein Teil von Pele. Diesen machten sich die alten Hawai'ianer zunutze. Sie bauten ihre Tempelanlagen aus bläulichen Lavabrocken auf. Wenn ein Krankheitsfall auftrat, wurde ein Stück Lava von der Mauer genommen, in ein Blatt der *Ti'*-Pflanze *(Cordyline terminalis)* gewickelt und mit dem Wunsch um Heilung zurückgelegt. Diese magische Praktik ist heute noch auf Hawai'i zu beobachten. Sie wurde von den Amerikanern, Philippinos, Polynesiern und Japanern übernommen. Ein kleines Stück dieser Lava bei sich getragen oder auf dem Altar deponiert ist ein starkes Schutzamulett. Es wird zwischen der weiblichen *Pahoe'hoe*- und der männlichen *A'a*-Lava unterschieden.
Nach einer Navajo-Legende gilt die Lava als versteinertes Blut vom Großen Ungeheuer, das bei der Erschaffung der Welt getötet wurde.
Bimsstein ist eine sehr poröse, spezifisch leichte Lavavarietät. Er ist durch seine Fähigkeit, auf dem Wasser zu schwimmen, bekannt. Auf Bali wird er zur

Verstärkung der Lebenskraft, aber auch als Verstärker magischer Gifte benutzt.

Lit.: CUNNINGHAM 1988, KANE 1987, WECK 1986, WESTERVELT 1988.

LOCHSTEINE

Syn.: Drudensteine, Hühnergötter, Silex pertusus
Geo.: Verwitterte Steine aller Art, die natürlich durchlöchert wurden; Artefakte oder Konkretionen.

Alle Steine, die ein kreisrundes Loch haben, werden in deutschsprachigen Gebieten Loch- oder auch *Drudensteine* (siehe dort) genannt. Sie gelten ganz allgemein als unheilbannend.
Sie wurden auch zum Wahrsagen benutzt. Es hieß, wer durch das Loch wirklich *sehen* kann, der kann die verborgenen Wirklichkeiten erkennen.
Bei vielen Völkern gelten kleine Steine mit runden Löchern als Glücksbringer.
Im alten China hatten manche Lochsteine eine magisch-religiöse Bedeutung: „In einem Tempel in der Provinz Szu-ch'uan war ein Stein mit fünf Löchern; Frauen, die ein Kind haben wollten, kauften kleine Steinchen und versuchten, sie in eins der Löcher zu werfen. Wurde das oberste getroffen, bedeutete es, daß man reich werden würde, das untere versprach Ehre, das linke einen Sohn, das rechte eine Tochter." (EBERHARD 1983: 275)

Lit.: ABEL 1939, HAGN 1979, NEMEC 1976.

Abb. 39: Ein Lochstein oder „Silex pertusus" (aus GESNER 1565)

LÖSSKINDL

Syn.: Alraune, Atzmann, Figurensteine, Konkretionen, Lößkindel, Lößmännchen, Lößpuppen
Geo.: Im Löß gebildete kalkige Konkretionen.

Im Lößgebiet vom Kaiserstuhl werden gelegentlich herausgespülte *Konkretionen* (siehe dort) gefunden, die wie kleine menschliche Figuren aussehen. Sie sind die Kinder des Löß, die Lößkindl. Sie werden mit Sagen von Wichtelmännern, Zwergen und Alben in Verbindung gebracht. Oft werden sie in den Weinbaugebieten gefunden. Sie wurden mitunter als Alraunmännchen, segensbringende Talismane, benutzt. Eigentlich wurden Alraunmännchen aus der anthropomorphen Wurzel der psychoaktiven Alraune *(Mandragora officinarum)* geschnitzt. Da die echte Alraune in Mitteleuropa sehr selten war, wurden die begehrten Zauberfiguren oft gefälscht oder durch andere Pflanzen, Holz, Ton oder Stein ersetzt. Die ohnehin anthropomorphen Lößkindl eigneten sich sehr gut dafür.

Lit.: FRAAS 1972, LÜSCHEN 1979, RÄTSCH 1988

LUCHSSTEINE

Syn.: Albschoßsteine, Lapis lyricus, Ligurischer Stein, Luchsenstein, Lyncurer, Lyncurium, Lyngurion, Pfeilstein, Schoßstein
Geo.: wurden als Belemniten, Bernstein und Edelsteine gedeutet.
Im alten Griechenland ist die Geschichte vom Luchsstein entstanden. Danach soll der Urin des Luchses, sobald er den Boden benetzt, zu Stein werden, zu einem *Edelstein* (siehe dort) oder zum *Bernstein* (siehe dort). Eine andere Geschichte erklärt den geheimnisvollen Stein so: Der Luchs weiß um die Zauberkräfte seines Urins und verscharrt ihn deswegen. Dabei wird er zu Stein, der nur von Kundigen gegraben und zu starken Amuletten geschnitten werden kann. Der Luchsstein sollte wunderbare Heilwirkungen bei Steinleiden und bei Gelbsucht haben. Meist wurde der edle Luchsstein als Turmalin gedeutet. DIOSKURIDES stellte nüchtern fest, daß diese Geschichte wohl nicht richtig sei: „Lyngurion. Der Urin des Luchses, welcher Lyngurion genannt wird, verwandelt sich, so glaubt man fälschlich, sofort, nachdem er gelassen ist, in einen Stein; er hat daher auch eine unwahre Geschichte; denn es ist der von Einigen so genannte federntragende Bernstein, welcher mit Wasser getrunken dem Magen und dem vom Flusse angegriffenen Bauche gut thut." (II, 100)
Im Mittelalter wurden *Belemniten* (siehe dort) als Luchssteine bezeichnet und sehr oft als Heilmittel benutzt. Möglicherweise wurde der beim Zerreiben der Belemniten freiwerdende leichte Ammoniakgeruch mit Urin assoziiert. Sie wurden meist pulverisiert in Essig oder Wein aufgeschwemmt eingenommen. Man schrieb ihnen nicht nur magische Heilkräfte zu, sie sollten auch eine verkümmerte Männlichkeit mit neuem Leben erfüllen. Luchssteine waren eher ein Apothekenmittel *(Lapis lynci praep.)* als ein volkstümlicher Zauberstein.

Der Luchsstein ist nicht mit dem Luchssaphir, ein minderwertiger Saphir, zu verwechseln.

Lit.: GRUBER 1980, LÜSCHEN 1979.

MAGNETSTEIN

Syn.: Magnes, Magnesischer Stein, Magnet, Magneteisenerz, Magneteisenstein, Magnetit
Min.: Fe_3O_4, kubisch

Magnetstein kommt in vielen Teilen der Welt vor. Er ist schwer, hat oft einen metallischen Glanz, und die ungewöhnliche physikalische Eigenschaft, Eisen anzuziehen (aber nur die wenigsten Magnetite ziehen Eisen an, sie werden jedoch von Magneten angezogen). Das prädestinierte ihn als Zauberstein. Allerdings ist über seinen magischen Gebrauch fast nichts bekannt geworden. Man glaubte, er könne – genauso wie er Eisen anzieht – auch Krankheiten aus dem Körper ziehen. So wurde er lange Zeit in der Medizingeschichte verwendet. Bereits im Altertum wußte man, daß aus dem Magnetstein durch Brennen der *Blutstein* (siehe dort) entsteht.

Lit.: LÜSCHEN 1979.

MALACHIT

Syn.: Hebammenstein, Malvenstein, Melocitis, Melothitis, Molochites
Min.: $Cu_2[(OH)_2/CO_3]$, monoklin

Dieses leuchtend grüne Mineral kommt meist in Form faseriger Aggregate, weniger in nadeligen Kristallen vor. Oft bilden sich faserige Knollen. Große Vorkommen liegen im heutigen Zaire, in Gambia und der UdSSR. Der im Altertum gebräuchliche Name wurde vermutlich nicht nur für dieses Kupfermineral, sondern auch für den Smaragd und den Chrysokoll verwendet (vgl. *Edelsteine*).

Im alten Ägypten galt der Stein als Ausdruck der Freude. Hathor, die Göttin des Tanzes, der Musik und der Freude, war die Herrin des Malachits. In den Stätten der Seligen, den jenseitigen Paradiesen, gibt es die erfrischenden Malachitgefilde.

Aus Malachit (eindeutig das grüne Kupfermineral) wurden auch magische Augenschminken hergestellt. Sie wurden als Schutz vor unheilvollen Einflüssen auf die Lidschatten aufgetragen und in den ebenfalls magisch aufgeladenen, oft gravierten Schalen bestimmter Muscheln *(Tridacna squamosa, Tridacna maxima)* aufbewahrt (vgl. *Krötenschüsseln*).

20: Links: ein Donnerkeil (Belemnit) von der Ostsee. Rechts: ein Stachel des rezenten Griffelseeigels. (Sammlung und Foto: Rätsch)

21: Aufgesägter *Baculites* aus Montana. Die Kammern sind mit Baryt ausgefüllt. (Sammlung und Foto: Rätsch)

Dem westafrikanischen Vodun-Gott Ossain, der „Zauberer und Entdecker der Heilkräuter", ist der Malachit als Zauberstein zugeordnet. Der Malachit steht mit den „Früchten", bewußtseinserweiternden Pflanzen, in Zusammenhang. Die Medizinmänner der Navajo-Indianer sammeln in Utah kleine, kugelige Malachit-Knollen, die sie zu den magischen Farben für ihre Sandbilder zermahlen (vgl. *Azurit, Steinfarben*).

In Deutschland wurden aus Malachit Schwangerschafts- und Gebäramulette, sogenannte „Wehenkreuze" geschnitten; daher auch der volkstümliche Name „Hebammenstein".

Lit.: GUHR und NAGLER 1989, HÖRANDNER 1985, LURKER 1987, STUCKY 1974.

MARIA-ECKER-PFENNIGE

Syn.: Adelholzer Pfennige, Eckernpfennige, Glückspfennige, Gnadenpfennige, Heckpfennige, Leitenpfennige, Marienpfennige, Münztierchen, St.Irmengardstränen, Starzer Kreuzer, Venusbergpfennige

Pal.: Nummuliten; Stamm *Protozoa,* Ord. *Foraminiferida,* Oberfam. *Rotaliacea,* Spezies *Assilina exponens;* Eozän, Adelholzer Schichten

In Bayern im Chiemgau führt ein alter Pilgerpfad am Venusberg vorbei nach Maria Eck hinauf, einem Plateau, das einen herrlichen Blick auf das Alpenvorland ermöglicht. An diesem Weg stehen die Adelholzer Schichten mit ihrem reichen Nummulitenvorkommen an (vgl. *Nummuliten*). Diese münzenförmigen Fossilien wittern leicht heraus und können am Wegesrande aufgelesen werden. Sie wurden sicherlich schon in heidnischer Zeit als Zaubersteine genutzt, vermutlich standen sie mit der Venus (= Freija) in Verbindung, denn sie wurden auch Venusbergpfennige genannt. Vermutlich war die Anhöhe ein alter Kultplatz. Seit 1626 wurde Maria Eck zu einem volkstümlichen, christlichen Wallfahrtsort. Dort wurde die Madonna verehrt. Die Nummuliten, die am Wegesrand lagen, wurden bald mit dem Marienkult assoziiert:

„Die Bewohner von Siegsdorf sollen einst das Muttergottesbild von Mariaeck in ihren Heimatort verschleppt haben, wovon der Berg, auf dem die Wallfahrtskirche steht so erschüttert war, daß das Gestein an zahllosen feinsten Klüftchen sich zerspaltete; die Spaltstückchen stellen die Nummuliten dar. Maria soll das Bild (nach anderer Lesart sei es Fleisch und Blut geworden) wieder nach Mariaeck hinaufgetragen haben, dabei habe sie sich ermüdet auf einen Stein niedergesetzt, der davon heute noch seine Einmuldung trägt. Die von der Heiligen dabei ausgehenden Strahlen hätten sich im Gestein niedergeschlagen." (QUENSTEDT 1929)

Diese göttlichen Strahlen sind zu den Nummuliten geworden, von diesen sollen sie auch ausgehen. Daraufhin wurden sie Maria-Ecker-Pfennige geheißen. Sie wurden von den Wallfahrern als segensbringende Andenken, Amulette und Glückbringer benutzt. Die Maria-Ecker-Pfennige wurden zu Andachtsbildern verarbeitet. Dabei wurde durch einen leichten Anschliff der Fossilien der „Strahlenkranz der Madonna" sichtbar, ein sicheres Zeichen für die übernatürliche Herkunft der Steine und die darin konservierte Zauberkraft.

Der Kult um die Maria-Ecker-Pfennige ist zu Beginn unseres Jahrhunderts verschwunden. Der sicherlich heidnische, altgermanische Ursprung des Kultes ist nicht mehr zu rekonstruieren. Es ist vermutlich die Spiralstruktur der Nummuliten, die zu deren magischer Verwendung beitrug (vgl. *Ammoniten, Schlangensteine, Schnecken*).

Lit.: HAGN 1979, QUENSTEDT 1929.

METEORITE

Syn.: Aerolithe, Donnerkeile, Donnersteine, Himmelseisen, Himmelssteine, Kometenstein, Luftsteine, Meteoreisen, Meteorolithe, Meteorsteine, Sternschnuppen, Sternsteine, Tektite, Uranolithe

Min.: Es gibt drei verschiedene Typen:
1) Steinmeteorite
2) Eisenmeteorite
3) Stein-Eisenmeteorite

Meteorite sind außerirdische Materie, die auf die Erde eingeschlagen ist. Sie wurden schon in den frühesten antiken und chinesischen Schriften erwähnt. Sie wurden auf sumerisch „Feuer vom Himmel", auf ägyptisch „Himmlischer Donnerkeil" und „Himmlisches Metall" genannt (vgl. *Donnerkeile, Sternsteine*). Sie wurden als Wunder Gottes, als etwas Heiliges und Magisches betrachtet. Der himmlische Ursprung der Meteoriten prädestinierte sie als mächtige Zaubersteine, die in sich die lichten Kräfte der göttlichen Gefilde enthalten. Meteoritenkulte sind überall dort nachzuweisen, wo Meteoriten beobachtet und gefunden wurden. Es wird vermutet, daß das erste Eisen, das der Mensch benutzte, von Meteoriten stammte. Steinmeteorite haben nur sehr wenig kulturelle Aufmerksamkeit erregt, da sie von gewöhnlichen Steinen kaum zu unterscheiden sind. Aus dem Glas, das manchmal an den Einschlagstellen von großen Meteoriten entstanden ist, wurden oft Steinwerkzeuge hergestellt.

Im alten Ägypten wurden Meteorite als Götter verehrt. In einer Pyramide fand man eine aus Meteoriteneisen gefertigte Kette.

Die Kaaba, der heilige Stein des Islams, der „Altar von Himmel und Erde" (NIZAMI), soll ein Meteorit sein. Der Duruma-Meteorit in Kenya wurde als Gott

in einen Tempel gebracht, geölt, mit Perlen behängt und eingekleidet. Die australischen Ureinwohner nannten Eisenmeteorite „Sonnen-Pfad-Feuer-Teufel-Steine". Kleine Stücke vom Novo-Urei-Meteoriten wurden von den Russen als Hostien gegessen. In Japan glaubte man, die Meteoriten seien vom Webstuhl der Göttin Shokuja auf die Erde herabgefallen. Sie wurden in ihrem Tempel jährlich verehrt.
Die Azteken haben einen Meteoriten wie eine Mumie bestattet.
In altindianischen Gräbern (Mounds) im südlichen Nordamerika wurden rituell deponierte Eisenmeteorite gefunden. Sie waren zum Teil bemalt und mit Fetischen behangen oder in Federdecken gewickelt (Camp Verde, Navajo). Vermutlich wurden die Einschläge von den Indianern beobachtet. Für die Indianer sind die vom Himmel gefallenen Steine Objekte, die mit dem Großen Geist geladen sind. Die Komanchen sahen in dem Wichita County-Meteoriten einen wundervollen Medizinstein, den sie *Ta-pic-ta-ca-re*, „Stehender Fels", *Po-i-wisht-car-re,* „Stehendes Metall" oder *Po-a-cat-le-pi-le-car-re* „Medizin-Stein" nannten. Sie brachten ihm Perlen, Pfeilspitzen und Tabak als Opfergaben und baten um Heilung.
Überall auf der Welt wurde Meteoriteneisen (Prambanan, Shirahagi, Siratik) dazu benutzt, um magische Schwerter oder ähnliche Zauberwaffen herzustellen (balinesische Krise, tibetische Geisterdolche). Oft wurden große Eisenmeteorite als Amboß benutzt (Tucson, Yanhuitlan). Vermutlich standen sie dann mit den alten Schmiedegeheimnissen und magischen Künsten der Schmiede in Verbindung.

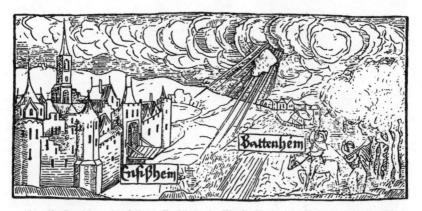

Abb. 40: Der Meteoritenfall von Ensisheim im Elsaß. (Nach einen Holzschnitt von 1492)

Vielleicht hängen auch die afrikanischen Vorstellungen von den fliegenden Feuerbällen, die von mächtigen Zauberern geschleudert und gelenkt werden können, mit den Sichtungen von Meteoritenfällen zusammen.

Lit.: PEARL 1975, SCHLÜTER 1987, SFOUNTOURIS 1986.

Abb. 41: Tibetische oder mongolische Schmiede bei der Herstellung meteoreisenhaltiger Ritualgeräte. (Kupferstich, 18. Jh.)

MILCHSTEINE

Syn.: Galactites, Galactites lapis, Leucogaeas, Leucographitis, Schreibkreidestein, Synnephites

Geo.: vermutlich ein Phosphorit oder Ostheolith.

Seit dem Altertum gibt es die Vorstellung vom Milchstein, der die Kraft hat, gegen den versiegenden Milchfluß bei Mensch und Vieh zu wirken.

„Der Milchstein hat seinen Namen von der milchigen Verflüssigung. Anderswo ist er zwar aschfarbig, er hat süssen Geschmack. Eingeschmiert ist er ein gutes Mittel gegen Flüsse und Geschwüre der Augen." (DIOSCURIDES V, 149)
PLINIUS sagt, der Milchstein verschaffe den Ammen und Müttern reichlich Milch und versorge den Mund reichlich mit Speichel, wenn er als Amulett um den Hals getragen wird. Dieser Brauch hat sich auf Kreta bis in unsere Zeit erhalten. Alte minoische Rollsiegel gelten als zauberkräftige Milchsteine und werden von Frauen so um den Hals getragen, daß sie zwischen den Brüsten hängen oder liegen. Sie sollen nicht nur verhindern, sie sollen auch gegen Brusterkrankungen helfen und allgemein die Fruchtbarkeit erhöhen.
Ähnliche Konzepte herrschten auch in Nordeuropa. AGRICOLA sagt, der Milchstein sei ein Tuff und werde in Goslar, am Harz gefunden. In Norddeutschland wurden kreidezeitliche *Seeigel* (siehe dort) der Art *Echinocorys ovata* Milchsteine genannt und sowohl innerlich als auch äußerlich als Zauberstein bei versiegender Frauenmilch benutzt. Außerdem wurden diese Milchsteine in die Milchkübel gelegt, damit die Milch der Kühe nicht versiege (vgl. *Drachensteine*).

Lit.: ABEL 1939, LÜSCHEN 1979.

MUSCHELN

Syn.: Conchylien
Pal.: Stamm *Mollusca*, Klasse *Bivalvia*; Kambrium bis rezent.
Muscheln gehören wie *Ammoniten* und *Schnecken* (siehe dort) zu den schalentragenden Weichtieren. Sie haben immer eine zweiteilige Schale, die in eine rechte und eine linke Hälfte aufgeteilt ist. Die meisten Muscheln sind Meeresbewohner. Es gibt aber auch im Süßwasser lebende Arten. Sie sind fast immer an einen Standort gebunden. Wenige Arten können schwimmen (Kammuscheln).
Fossile und rezente Muscheln gehören zu den ältesten Ritualobjekten und Amuletten der Menschheit. In Mitteleuropa wurden schon in der Altsteinzeit die fossilen Schalen von *Glycimeris* als Kettenanhänger und sogar als Schminkschalen (vgl. *Malachit*) benutzt. In der La-Tène-Zeit wurden fossile Muscheln aus dem Oligozän aus Sachsen-Anhalt und rezente Mittelmeermuscheln als Grabbeigaben in Ascheurnen gelegt. Viele Muscheln und Schnecken, die aus dem Wiener, Mainzer oder Pariser Becken stammten, wurden in der Steinzeit über große Entfernungen gehandelt. Sie wurden meist perforiert. Es sind auch perforierte Muscheln gefunden worden, die an die Leichen paläolithischer

Menschen gebunden waren (vgl. *Mutterstein*). Meist waren es Muscheln der Gattungen *Cardium* und *Pectunculus*.

Muscheln waren nicht nur in der Steinzeit, sondern auch in allen alten Hochkulturen sehr wichtige Grabbeigaben. Sie wurden in ägyptischen, griechischen, chinesischen und indianischen Gräbern gefunden. Die Muschel ist ein universales Symbol der Geburt, des Todes und der Wiedergeburt oder Seelenreise. Die Muschel als Grabbeigabe ist der Zufluchtsort der Seele des Verstorbenen. Dort bleibt sie geschützt, sicher und geborgen. Die Muschel zeigt den Hinterbliebenen, daß die Seele nach dem Tod genauso geborgen ist wie vor der Geburt. Sie ist der Mutterschoß jenseits des Lebens, sie ist Ursprung und Endziel der Seelenreise.

In Mitteleuropa spielten viele versteinerte Muscheln eine Rolle in der Sagenwelt. Oft wurden die bizarren Fossilien mit heidnischen Mythen und der Hexerei in Verbindung gebracht (vgl. *Drudensteine, Krötenschüsseln*).

Bei den meisten Völkern werden fossile Muscheln als Zaubersteine oder Heilmittel betrachtet. Auf Java gibt es Steinkerne von Muscheln (vermutlich aus der Familie *Pleuromyidae*) aus dem Miozän, die mit arabischen Schriftzeichen graviert wurden. Sie stammen vermutlich aus dem 16.Jahrhundert und heißen *kicing buntet*, „Muschel-Zauberstein". Sie werden bei Bundan Kali Yala gefunden. Sie gelten im heutigen Indonesien als Zaubersteine, die dem Besitzer Stärke, Kraft und Macht verleihen.

Die Maya in Yucatán nennen fossile Muscheln *yol tunich*, das „Herz des Steines" und benutzen sie als magische Medizin und Aphrodisiakum.

In Nord- als auch in Südamerika werden fossile Muscheln (Steinkerne) oft in den Medizinbeuteln der indianischen Heilkundigen getragen. Sie werden mit Tieren assoziiert, deren Kräfte sie annehmen. Die versteinerten dicken Schalen

  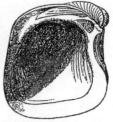

Abb. 42: Schildkrötenamulett der Arapaho aus einer fossilen *Gryphaea*. (Nach KROEBER, 1907).
Abb. 43: Fossile Schalen der *Congeria*-Muschel können an die Scham einer Frau erinnern. (Aus KAYSER, 1909).

jurassischer *Gryphaeen* wurden als „Schildkrötensteine" betrachtet und hatten eine gewisse Bedeutung als Medizinsteine. Von den Arapaho ist ein Stinktierstein bekannt, der von einer kranken Person in der Hand gehalten werden soll. Er ist eine leicht retuschierte *Gryphaea*. Die Navajo-Indianer rechnen die weißen Schalen der pazifischen Muschel *Glycimeris gigantea* zu ihren vier heiligen Steinen (vgl. *Türkis*).

Name (volkstüml.)	Name (paläontl.)	Periode
Dachsteinmuschel Fußspuren von Wildfrauen Spuren der wilden Jagd Versteinerte Kuhtritte	*Conchodus infraliasicus*	Trias
Albfuß Drudenstein	*Lopha marshii*	Lias
Teufelskopf Teufels Zehennagel Clach-crubain („Kauer-Stein")	*Myophorella incurvata* *Gryphaea arcuata*	Jura Jura
Muttersteine Venussteine	*Pitar sp.* syn. *Cytherea*	Oligozän
Kümmelsteine Muttersteine	*Congeria ungulae capra*	Miozän
Geißfüßle Versteinerte Ziegenklauen	*Congeria sp.* (Wirbel)	Miozän
Krötenschüsseln	*Unio lavateri*	Miozän

Lit.: KROEBER 1983, KRUMBIEGEL und WALTHER 1977, LEHMANN und HILLMER 1988, RICHTER 1981, VAVRA 1987, WILLIAMS 1984.

MUTTERSTEINE

Syn.: Bucardites, Buntzensteine, Hysterolit, Hysterolithus, Hysteropetren, Hysteroptera, Lapis hystericus, Lapis hysterolithes, Lapis uterina, Mautzensteine, Ochsenherz, Schamsteine, Seenesselsteine, Venussteine

Pal.: 1) Brachiopoden, Steinkerne von *Orthiden* und *Spiriferiden,* Devon
2) Fossile Muscheln, Ord. *Veneroidea,* vor allem *Congerien* und *Veneriden*; Kreidezeit bis rezent.
3) Kaurischnecken; Stamm *Mollusca,* Klasse *Gastropoda,* Ord. *Mesogastropoda,* Fam. *Cypraeidae;* Kreidezeit bis rezent.

In den devonischen Kalken am Rhein kommen die *Brachiopoden* (siehe dort) *Schizophoria vulvaria* und *Spirifer auriculatus* recht häufig vor. Eine Klappe hat eine vulvaähnliche Erhebung. Man sagte, die eine Seite stelle die Vulva (= Scham) dar, die andere Klappe das Jungfernhäutchen. Deshalb wurden sie meist Mutterstein oder Schamstein genannt. Diese Fossilien galten als Zaubersteine, die gegen alle Frauenleiden (Mutterschmerzen, Mutterplage, Muttererstickung, Unfruchtbarkeit, Unterkühlung) wirksam waren. Diese Brachiopoden wurden als Amulette gegen die Behexung, gegen die Impotenz und zur Steigerung der Libido getragen.

Es gibt auch einige fossile *Muscheln* (siehe dort), die wegen ihrer Vulva-Ähnlichkeit zu den Muttersteinen gezählt werden (besonders die *Congeria* und verschiedene Vertreter der Venusmuscheln). Bei Muscheln sind es aber die von oben betrachteten Schlösser, die in ihrer Gestalt an eine Vulva erinnern. Mitunter wird das Schloß derart bearbeitet, daß dessen Vulva-Symbolik noch deutlicher erkennbar ist. Muscheln sind ein universales Symbol der weiblichen Organe. Fast in allen Sprachen sind die Bezeichnungen für Muschel und Scham etymologisch auf das engste miteinander verwandt. Die Muschelsteinkerne haben die gleichen magischen Qualitäten wie die Brachiopoden.

Abb. 44: Frühe Darstellungen von Muttersteinen, die stark an Vulva und Schamlippen erinnern. Links die Brachiopode *Orthis vulvaria.* (Aus ZITTEL) Rechts eine fossile Muschel. (Aus VALENTINI, 1704).

22: Ein fossiler Sanddollar *(Encope californicus)* aus dem Pleistozän von Sonora, Mexiko. (Sammlung und Foto: Rätsch)

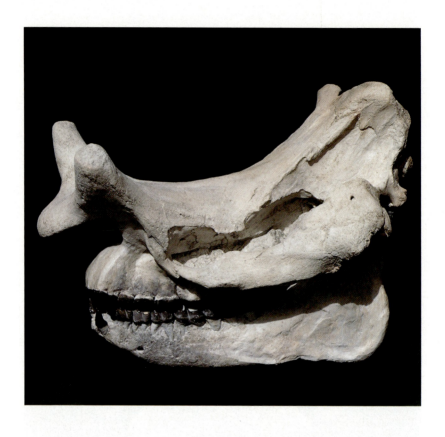

23: Der Schädel eines weiblichen Titanotheriums. (Sammlung Toyohashi Museum of Natural History, Japan; Foto: Rätsch)

Erstmals taucht die Bezeichnung Musterstein für Kaurischneckengehäuse bei Conrad GESNER auf. Er bezeichnet dabei die beiden, auch als Geldkauris bekannten Arten *Cypraea moneta* und *Cypraea annulus*. Kaurischnecken gelten weltweit und seit alters her als Repräsentationen der Vulva. Bei allen Völkern, denen die Gehäuse bekannt sind, werden sie magisch und religiös benutzt. Meist gelten sie als Schutzamulette, Liebeszauber und Aphrodisiaka. Sie wurden schon vor 30.000 Jahren über Handelswege vom Indischen Ozean nach Mittel- und Nordeuropa verbreitet. Man hat sie in prädynastischen ägyptischen Gräbern, auf griechischen Altären, in alpinen Höhlen, in den Ruinen der Maya, in tibetischen Klöstern, unter Saharasand, auf Wikingerbooten und chinesischen Tempeln gefunden.

Alle Muttersteine, ob fossile Brachiopoden, Muschelsteinkerne oder rezente Kaurischnecken, stehen mit den Liebesgöttinen (Aphrodite, Venus, Lakshmi) in Verbindung und sollen am Arm getragen werden, um als Aphrodisiaka und Liebeszauber wirken zu können. Der Gebrauch der Fossilien scheint örtlich

Abb. 45: Ausschnitt einer Seite über Kaurischnecken als Muttersteine. (Aus GESNER, 1670)

begrenzt gewesen und weitgehend in Vergessenheit geraten zu sein. Aber die Gehäuse von *Cypraea moneta* werden heute noch in weiten Teilen der Welt in dieser Art verwendet.

Lit.: ABEL 1939, GRUBER 1980, RÄTSCH 1989a.

NUMMULITEN

Syn.: Assilinen, Bauernpfennige, Bergmandlkreuz, Fruchtsteine, Geld der Engel, Haberkörnlsteine, Kümmichsteine, Kümmelsteine, Ladislauspfennige, Lapides nummales, Lentes lapideae, Lenticulites, Linsensteine, Maria-Ecker-Pfennige, Münzensteine, Münzsteine, Pfennigsteine, Steinlinsen, Teufelsgeld, Teufelspfennige, Versteinertes Geld, Vielsamige Steine

Pal.: Großforaminiferen; Stamm *Protozoa* (Urtierchen), Ord. *Foraminiferida* (Kammerlinge), Oberfam. *Rotaliacea*, Genera *Nummulites, Assilina;* Eozän.

Nummuliten waren meeresbewohnende Einzeller, die ein kalkiges, planspiralig, gekammertes Gehäuse trugen. Sie konnten bis zu 15 cm Durchmesser erreichen. Sie waren derart häufig, daß ihre Schalen gesteinsbildend wirkten (Nummulitenkalke). Da fossile Nummuliten meist massenweise auftreten und sehr häufig als herausgewaschene Oberflächenfunde vorkommen, sind sie bei vielen Völkern bekannt und tragen sehr viele volkstümliche Namen. Oft werden sie mit bestimmten Legenden in Verbindung gebracht. Fast überall, wo sie vorkommen, wurden sie in irgendeiner Form als magische Amulette benutzt. Dabei war wohl hauptsächlich ihre Spiralnatur, die oft noch strahlig ergänzt wurde, ausschlaggebend. Große Vorkommen sind in den Alpen, am Nil, in Siebenbürgen und im Hindukusch. In Indien und Pakistan werden Nummuliten als Amulette und Heilmittel verwendet. Abgerollte Nummulitenkalke, die oft ungewöhnliche Strukturen erkennen lassen, galten in den frühen Apotheken als Amulette der Signatur. Sie sollten auf Organe und Krankheiten einwirken, die in der Gestalt und Zeichnung dieser Steine wahrgenommen werden konnten (vgl. *Figurensteine*).

Die Nummuliten von Giza *(Nummulites curvispira, N. gizehensis,* Eozän, Mokattamstufe) wurden schon im alten Ägypten als Zaubersteine genutzt. Die für den Pyramidenbau benutzten Steine waren Nummulitenkalke. Die Griechen, unter ihnen der Geograph STRABO, glaubten, die bei den Pyramiden häufig zu beobachtenden Nummuliten seien versteinerte Linsen, die ehemals den Pyramidenarbeitern als Nahrung dienten. Manchmal wurden sie auch als versteinertes Geld der Pharaonen betrachtet.

In den deutschsprachigen Gebieten werden Nummuliten fast ausnahmslos mit Geld in Verbindung gebracht. Man glaubte, es sei verzaubertes oder verfluchtes Geld. Sie wurden genauso wie alte Münzen als Amulette benutzt. Meist wurden sie dann in Metall gefaßt. In Garmisch-Partenkirchen galten Nummuliten als Heiligenschein der Mutter Gottes (vgl. *Maria-Ecker-Pfennige*). Nummuliten wurden auch als Operculi, Deckel von Schnecken gedeutet (vgl. *Katzenaugen*).

Lit.: ABEL 1939, HAGN 1979, HANSMANN und KRISS-RETTENBECK 1977.

Abb. 46: Nummulitenkalk. (Nach BROCKHAUS, 1860)

OBELISKEN

Syn.: Benben, Hinkelsteine

Die Verehrung von Steinen scheint so alt zu sein wie die Menschheit. Zu den frühsten heiligen Steinen gehören phallische Megalithe, die vermutlich im Zentrum von Fruchtbarkeitsritualen standen. Diese Steinkulte sind weltweit verbreitet gewesen. In der altägyptischen Stadt Heliopolis wurde ein phallischer Monolith, der charakteristisch bearbeitet war, als heiliger Stein verehrt. Er galt als Offenbarungsform des „selbstentstandenen" Gottes Atum-Chepre und war ein Symbol der Sonne. Er hieß Benben und war das Urbild des ägyptischen Obelisken. Es sind sich nach oben verjüngende Monolithe, deren gelegentlich vergoldete Spitze einer Pyramide nachempfunden war (sog. Pyramidion). Die Obelisken wurden als Sitz des Sonnengottes angesehen und in den Tempelhöfen meist paarweise aufgestellt. Später sah man in ihnen Sonne und Mond und die beiden Pole des Universums. Kleine Obelisken galten als magische Objekte, besonders wenn sie aus *Edelsteinen* gefertigt waren. Heutzutage werden weltweit Obelisken in handlichen Größen aus *Achat, Bergkristall* oder anderen Steinen geschnitten. Sie werden meist als Meditationsobjekte benutzt.

Lit.: DONDELINGER 1977, LURKER 1987.

Abb. 47: Ägyptische Darstellung zweier Obelisken (Aus DONDELINGER)

OBSIDIAN

Syn.: Apachentränen, Gesteinsglas, Schneeflockenobsidian
Min.: meist schwarzes, vulkanisches Glas.

In Mexiko gibt es große Vorkommen des massigen schwarzen, vulkanischen Glases. Im alten Mexiko war Obsidian das wichtigste Rohmaterial für die Herstellung von Klingen, Speer- und Pfeilspitzen und Ritualobjekten. Aus großen Stücken wurden flache, quadratische Spiegel geschliffen. Sie standen unter dem Schutze des Gottes Tezcatlipoca („Rauchender Spiegel") und dienten den Wahrsagepriestern als magische Spiegel zur Divination. Dazu nahmen die Wahrsager eine Pflanze der Götter *(Turbina corymbosa, Psilocybe mexicana, Ipomoea violacea, Datura sp.)* ein, beräucherten den Spiegel und konnten durch ihn in Vergangenheit, Gegenwart und Zukunft blicken (vgl. *Bergkristall).* Die mexikanischen *brujos,* „Hexen", benutzen heute noch Kugeln aus Obsidian, um wahrsagen zu können. Die bei der Feldarbeit oft zutage tretenden Pfeilspitzen aus Obsidian werden von Mexikanern, als auch Indianern als Amulette gegen den Bösen Blick, gegen Schlechte Winde und gegen

Dämonen betrachtet. Im heutigen Mexiko sind besonders Obsidianamulette in der Form einer Kröte beliebt (vgl. *Krötenstein*). Obsidianklingen sind geeignete magische Instrumente, um Geister und Dämonen zu zerstückeln. Schon in der vorspanischen Zeit hieß es, Obsidianklingen würden die schlechten Seelen zerstückeln.

Die Apachentränen sind durch vulkanische Eruptionen entstandene kleine Obsidiankugeln, die in Arizona gefunden werden. Es heißt, es seien die versteinerten Tränen der Apachenfrauen, die darüber geweint haben, daß ihre Männer auf den Kriegspfad ziehen mußten. Die Apachentränen werden von Medizinleuten magisch benutzt. Sie symbolisieren den heiligen Berg des Nordens Dibéntsaa. Der Obsidian gehört zu den heiligen Steinen der Navajo und wird bei den Heilritualen benutzt, um die Kräfte des Nordens zu beschwören.

Die Zuni-Indianer benutzen Obsidian zur Herstellung ihrer Fetische. Entweder werden daraus Tierfiguren gearbeitet oder es werden Obsidianpfeilspitzen an den Figuren befestigt, um sie magisch zu schützen.

Lit.: CUNNINGHAM 1988, WILLIAMS 1984.

OMPHALOS

Im archaischen Griechenland wurden heilige Steine als Götter verehrt. Sie wurden durch Ölung und Salbung geweiht. Dieser alte Steinkult hat sich rudimentär bis in hellenistische Zeit gehalten. Ein Beispiel dafür ist der Omphalos genannte eiförmige Stein, der in der berühmten Orakelstätte Delphi aufbewahrt wurde. Er galt als Nabel der Welt und stand mit der prophetischen

Abb. 48: Stater mit der Darstellung des zitherspielenden Apollo, der auf einem Omphalos sitzt. (DAREMBERG-SAGLIO, Dictionnaire des Antiquités Grecques et Romaines, Bd. IV/1, Fig. 5401)

Gabe der Pythia, der delphischen Wahrsagepriesterin, in Verbindung. Möglicherweise diente er ihr als Zauberstein, mit dessen Hilfe sie den Kontakt zu Apollon herstellen konnte und durch den sie in den Raum, der jenseits von Vergangenheit, Gegenwart und Zukunft liegt, gelangen, dort ihre prophetischen Informationen beziehen und sie auf die Erde vermitteln konnte. (Vgl. *Ammoniten, Shiva-lingam*)

Die geologische oder archäologische Identität des Omphalos ist nicht mehr zu erkennen. Es wurden auch andere Steine als Omphalos bezeichnet. Der originale Stein scheint verschollen zu sein.

Lit.: RÄTSCH 1987, VANDENBERG 1979.

ORGANSTEINE

Im Mittelalter und in der frühen Neuzeit wurde das antike Konzept der sogenannten Organsteine noch verfeinert. Organsteine wurden alle Arten von Steinen genannt, die entweder animalischen Ursprungs waren (vgl. *Bezoarsteine*) oder denen nachgesagt wurde, daß sie in einem Organ eines Tieres entstanden seien. Diesen Steinen wurden seit dem Altertum enorme magische Kräfte beigemessen, besonders als Antidot: vgl. *Drachenstein, Krötenstein, Schwalbenstein.* KONRAD VON MEGENBERG zählte auch die Adlersteine (vgl. *Achat*) zu den Organsteinen.

PERLEN UND PERLMUTT

Syn.: Perlenmutter, Pirula, See-Opal

Bio.: Einkapselungen von Fremdkörpern in schalentragenden Mollusken (Weichtiere); prismatische Schalenschichten bestimmter Molluskenschalen

Perlen entstehen in lebenden Weichtieren. Im Prinzip können sie von allen schalentragenden Arten gebildet werden. Jedoch treten sie gehäuft bei wenigen Arten auf: *Haliotis, Nautilus, Margaritifera margaritifera, Mytilus, Pinctada margaritifera, Pteria.* Die schönsten Perlen stammen aus den *Muscheln* und *Schnecken* (siehe dort), deren Schalen Perlmuttschichten haben. Manche Muscheln können sogar zur Perlenzucht (Zuchtperlen) verwendet werden. Fossile Perlen sind extrem selten. Perlen haben bei allen Völkern eine große Bedeutung als Schmuckmaterial.

Die bei weitem kostbarsten Perlen sind die oft rosa gefärbten *Queen Conch Pearls* aus der karibischen Riesenflügelschnecke *(Strombus gigas).* Sie kommen nur wild vor und sind extrem selten (nur jede 10.000. Schnecke enthält eine

Perle). Möglicherweise waren diese Perlen schon im alten Amerika ein gesuchter Zauberstein.
Sowohl die seltenen, glänzenden Perlen als auch das schillernde Perlmutt haben die Menschen aller Kulturen und Zeiten begeistert. Weltweit sind mit ihnen magische Vorstellungen verknüpft. Perlen werden von den meisten Völkern zu den *Edelsteinen* (siehe dort) gezählt.
Im Altertum konnte man sich die Entstehung der Perle im Fleisch einer Muschel durch nichts anderes als durch einen übernatürlichen Zauber erklären. Deshalb barg die Perle Heil- und Zauberkräfte. Besonders wurden die giftwidrigen und aphrodisierenden Eigenschaften gelobt. Zermahlene Perlen sind noch heute ein vielbenutztes Medikament in Südostasien. Die Entstehung der Perle in der Auster wurde oft als Geburt der Aphrodite aus der Muschel gedeutet. Deshalb wurde die Perle als ein geeigneter Liebeszauber benutzt, der in die aphrodisischen Gefilde der sinnlichen Lust führen konnte. In nachheidnischer Zeit wurde die Perle erstaunlicherweise mit Jesus, die perlmutterne Schale mit der Jungfrau Maria identifiziert. Perlen wurden als Himmelstau, Tränen der Engel, Muttergottesmilch oder Milch von den Brüsten der Himmelskönigin gedeutet. Sie galten als Symbol himmlischer Weisheit (vgl. *Drachenknochen und -zähne*) und selbstloser Gottesliebe.

Abb. 49: Ein Perlenhändler. (Aus *Hortus sanitatis*, 1509)

Perlmutt ist seit alters her ein beliebtes Material zur Herstellung von Schmuck und rituellen Gegenständen, wie Schalen, Löffeln, Amuletten und Fetischen. Oft werden im Perlmutt Licht und Kraft der Sonne oder des Mondes gesehen. Das Perlmutt birgt positive Kräfte, die sich auf die darin aufbewahrten oder die damit berührten Substanzen (Medizin, Kräuter, Weihrauch) überträgt. Das Perlmutt folgender Arten hat magisch-rituelle Bedeutung: *Haliotis iris* (Paua, See-Opal), *Haliotis sp.* (Abalone, Meerohr), *Turbo marmoratus, Trochus niloticus, Tectus pyramis, Nautilus, Pinctada margaritifera, Pteria penguin, Pteria sterna.*

Fossiles Perlmutt stammt meist von *Ammoniten* (siehe dort) oder Nautiliden und ist recht selten. Mitunter ist es so verdichtet, daß es in leuchtend roten und grünen Farben schimmert (sog. *Ammolite*). Die Perlmutt-Ammoniten aus South-Dakota waren geschätzte Zaubersteine der Sioux-Indianer. Perlmutt von kalifornischen Abalonen *(Haliotis fulgens, Haliotis corrugata, Haliotis rufescens)* ist einer der vier heiligen Steine der Navajo-Indianer und wird bei Heilritualen verwendet. Die Zuni schneiden daraus Fetische.

Lit.: BENESCH 1981, RÄTSCH 1988a, REGER 1981, SCHÖLLHORN 1985, WILLIAMS 1984.

PILZSTEINE

Es gibt drei Arten von Pilzsteinen:
  1) versteinerte Korallen und Schwämme
  2) Pilzkorallen
  3) Artefakte (Ritualsteine der Maya)

Viele Steine – meist fossile *Korallen* (siehe dort) – haben eine Form oder Gestalt, die an einen Pilz erinnert. Solche *Figurensteine* (siehe dort) wurden als Zaubersteine zur Steigerung der Fruchtbarkeit verwendet. Dabei wurde die uralte Assoziation Pilz = Penis wirksam.

Die fossilen Schwämme *(Porosphaera globularis)* aus den Kreide-Schichten Südenglands wurden schon in der Altsteinzeit gesammelt, aufgezogen und als Amulette getragen. Sie wurden später als versteinerte Pilze gedeutet.

In den von Mayastämmen bevölkerten Gebieten Mesoamerikas sind zahlreiche in Stein gehauene Bildnisse gefunden worden, die offensichtlich Pilze darstellen und unter dem Namen Pilzsteine bekannt geworden sind. Es wird vermutet, daß diese Pilzsteine die Götter oder Kraftwesen darstellen, die in den psychedelisch wirksamen, rituell verzehrten Zauberpilzen (Teonanacatl, „Fleisch der Götter"; *Psilocybe mexicana*) leben. Die Steine dienten wohl dazu, diese Wesen unter dem Einfluß der Zauberpilze beschwören und von ihnen Informa-

24: Ein Wirbelstein (angeschliffene *Acteonella*) aus Gosau. (Sammlung und foto: Rätsch)

25: Ein kreidezeitlicher Ammonit *(Hoploscaphites nebrascensis)* aus South Dakota. (Sammlung Kashiwagi; Foto: Rätsch)

26: Eine Brachiopode *(Schizophoria)*. (Sammlung Geologisch-Paläontologisches Institut, Uni Hamburg; Foto: Lierl)

27: Kugelzähne („Krötensteine") eines ausgestorbenen Fisches. (Sammlung und Foto: Lierl)

Abb. 50: Ein präkolumbischer Pilzstein aus dem Hochland von Guatemala. (Zeichnung: Sebastian Rätsch)

tionen oder besondere Kräfte erhalten zu können. Diese Rituale wurden zur Divination und Krankenheilung durchgeführt und sind noch heute bei manchen indianischen Völkern Mexikos bekannt.

Von einer nicht identifizierten Art des Pilzsteines berichtet das altchinesische Kräuterbuch *Pen ts' ao kang mu:*

„Der Stein *shi-tse* hat die Gestalt eines Pilzes. Er befindet sich am Strand der Insel Hai iu ming shan, inmitten einer Menge anderer Steine. Er ist fleischig. Wie ein Lebewesen hat er einen Kopf, einen Schwanz und vier Beine. Er klebt an größeren Steinen oder an Felsen. Eine Spielart von ihm gleicht einer Koralle; die weiße gleicht Schmer, die Schwarze Lack, die Blaue den Flügeln des Eisvogels, die Gelbe dem Gold. Sie alle sind durchsichtig und glänzen... Im allgemeinen wartet man den Herbst ab, bevor man sie einsammelt und zu Pulver zerstampft."

Lit.: ANNOSCIA 1981, MAYER 1977, RÄTSCH 1986.

PYRIT

Syn.: Eisenkies, Feuerstein, Narrengold, Pyrites, Schwefeleisen, Schwefelkies, Virites

Min.: FeS_2, kubisch

Dieses wichtige Eisenerz hat einen metallischen goldgelben Glanz und eine sehr auffällige Kristallisation. Pyrit kommt oft in großen Kuben vor. Er war schon in der Steinzeit bekannt und wurde zum Schlagen des Feuers benutzt (vgl. *Feuerstein*). Da er das Geheimnis des Feuers in sich barg, sah man in ihm eine große magische Kraft und verehrte ihn als heiligen Stein. Man stellte in vielen Teilen der Welt schutzspendende Amulette aus Pyrit her.

Im Altertum betrachtete man den Pyrit als lebenden Stein und benutzte ihn auch medizinisch.

Im alten Amerika wurden aus ihm Zauberspiegel geschliffen, die der Divination dienten (vgl. *Obsidian*).

Lit.: DIOSKURIDES 1902, LÜSCHEN 1979.

RAUSCHGELB UND RAUSCHROT

Syn.: Arsenblende, Rieszgelb, Roszgelb, Reuschgeel, Sandaraca, Sandarach, Schwefelarsen

Min.: Rauschgelb ist gelber Auripigment, As_2S_3, monoklin; Rauschrot ist roter Realgar, As_4S_4, (AsS), monoklin

Diese beiden Arsenminerale, die so leuchtende Farben haben, wurden schon früh als – zunächst – magische *Steinfarben* (siehe dort) benutzt. Da sie viele interessante chemische Reaktionen auslösen, waren sie immer Gegenstand alchimistischer Spekulationen. Sie wurden sowohl in der asiatischen, als auch in der arabischen und europäischen Alchimie zur Herstellung von Lebenselixieren und Unsterblichkeitstrünken verwendet. Noch heute werden beide Steine in der sino-tibetischen Medizin als Heilmittel benutzt.

Vergiftungen mit Auripigment oder Realgar sind nicht selten, wenn die pulverisierten Steine als Thika, als religiöses Zeichen auf die Stirn aufgetragen wird. Oder wenn Auripigment als inneres oder äußerlich aufgetragenes Aphrodisiakum verwendet wird. In Indien werden Vergiftungen mit Auripigment mit *ganja*-Rauch *(Cannabis sativa)* behandelt. Der Vergiftete muß den Rauch verschlucken oder rektal eingeführt bekommen.

Lit.: LÜSCHEN 1979, TSARONG 1986.

SALIGRAME

Syn.: Götterräder, Salagrama, shalgram, Shiva-lingam, Thohluru
Pal.: Ord. *Ammonoidea*, Überfam. *Persphinctacea, Phyllocerataceae;* Ord. *Nautiloidea*, Ord. *Belemnitida;* Oberjura-Untere Kreide, Spiti-Shales, Saligram-Serie.

Im Kali Gandaki-Tal, dem tiefsten erosiven Tal-Einschnitt der Welt, gibt es schwarze *Konkretionen* (siehe dort), die meist als Flußgerölle gefunden werden. Sie sind im gesamten Himalayabereich und den umliegenden Ländern höchst begehrte Sakralobjekte und Zaubersteine. Die Konkretionen enthalten oft *Ammoniten* (siehe dort), seltener Nautiliden und *Belemniten* (siehe dort). Die häufigsten Ammonitenarten sind: *Uhligites griesbachi, Blanfordiceras wallichi, Aulacosphinctoides spp., Prograyiceras grayi, Haplophylloceras sp., Bochianites gerardianus.*

Für die Tibeter, Newar und andere Völker sind die Ammoniten Manifestationen von Buddha, als solche verehrungswürdig und mit besonderer magischmystischer Kraft angefüllt. Sie werden auch als Symbole der buddhistischen Lehre aufgefaßt (vgl. *Götterräder*). Die Saligrame, die Belemnitenphragmakone oder Rostren (von *Belemnopsis gerardi*) enthalten, gelten als Manifestation von Buddhas Erleuchtungsflamme (vgl. *Shiva-lingam*). Sie haben auch eine gewisse Bedeutung in der tibetischen Medizin erlangt.

Für die meisten Hindus sind die ammonitenhaltigen Saligrame Manifestationen und Symbole von dem lebensspendenden Gott Vishnu. Ihre Spiralnatur deutet auf das Schneckensymbol des Gottes hin (vgl. *Schnecken*). In der Fundgegend gibt es den Pilgerort Muktinath, an dem Vishnu verehrt wird. Es gilt als großes Glück und göttliche Fügung, wenn der Pilger auf dem Wege nach Muktinath ein Saligram, also ein Zeichen der göttlichen Kraft, findet. Dieser Stein wird dann als Wallfahrtsandenken mit nach Hause genommen und auf dem Hausaltar deponiert. Er soll jeden Tag mit Mantren und Gebeten verehrt werden. Er bringt Glück und Wohlstand ins Haus und hält negative Einflüsse fern. Ferner dient er als Meditationsobjekt. Saligrame gehören zum wertvollsten spirituellen Familienbesitz. Sie werden vom Vater auf den Sohn vererbt und stets in hohen Ehren gehalten.

Für manche Hindus sind Saligrame Manifestationen von Shiva oder Kali. Die Verehrer dieser Gottheiten benutzen die Saligrame als tantrische Zaubersteine. Mit ihnen kann man die darin enthaltenen göttlichen Kräfte mobilisieren und lenken. Entweder gilt ein Saligram als Shiva-lingam oder als Symbol der Kundalini, der weiblichen Schlangenkraft (vgl. *Schlangensteine*). Mit diesen Zaubersteinen kann Fruchtbarkeit erzeugt, Liebe erweckt und die tantrische Sexualmagie gefördert werden. Sie werden auch als Fruchtbarkeitsspender in den Feldern vergraben.

Lit.: HAGN 1977, KOHL 1936, RÄTSCH 1989.

SCHLANGENSTEINE

Syn.: Ammoniten, Lapides ophites, Ophiten, Schnecken, Wundersteine
Pal.: Ord. *Ammonoidea,* Fam. *Dactylioceratidae, Hildoceratidae, Arietidae;* Lias.

Die vermutlich älteste Bezeichnung für *Ammoniten* (siehe dort) ist „Schlangenstein". Man glaubte, daß die spiralig aufgerollten Steine einst Schlangen waren, die durch göttliche Einflüsse zu Steinen verwandelt worden sind. Je nach Wertschätzung oder Dämonsierung wurden diese Steine bewertet. Entweder war die Versteinerung der Schlangen eine Strafe Gottes oder der Stein war eine Manifestation der schöpferischen Schlangenkraft. In den alten, heidnischen Kulturen wurden Schlangen als heilbringend betrachtet. Erst mit der Christianisierung trat die Verteufelung auf. So wurden Schlangensteine in den heidnischen Kulturen als heilbringende Zaubersteine verehrt (vgl. *Drachensteine, Saligrame*). Im Norden wurden sie mit der Uroboros-Schlange assoziiert. Im Himalayagebiet mit der Kundalini-Schlange. In Mexiko mit dem Gott Quetzalcoatl, der „Gefiederten Schlange", bei den Pueblo-Indianern mit den regenbringenden himmlischen Blitzschlangen.

An der Ostküste Englands kommen Ammoniten aus dem Lias häufig im Strandgeröll vor. Vermutlich wurden diese Steine in der heidnischen Zeit als Zauber- und Wahrsagemittel benutzt. Mit der Christianisierung setzte sich eine

Abb. 51: *Arietites* aus dem Lias von Whitby; Kupferstich aus Wright, *Liassic Ammonites*, London 1860.

andere Sage durch. Die heilige Hilda, die Äbtissin in Whitby (614–680), hatte die Fähigkeit, durch die Kraft ihrer Gebete die Schlangen in Stein zu verwandeln. Noch heute wird das Stadtwappen von Whitby von derartigen Schlangensteinen geziert.

Im alten prävictorianischen England waren *Scrimshaw* (Schnitzereien von Walfängern, die in irgendeiner Weise mit dem Meer oder der Nautik in Beziehung stehen) begehrte Andenken und Sammelobjekte. Ihnen haftete der Hauch von Gefahr, Ferne und Abenteuer an. Die Walfänger, die bei Whitby vor Anker gingen, waren mit dem Mythos von der heiligen Hilda und den Schlangensteinen wohlvertraut. Wenn sie an Land gingen, sammelten sie die herausgewitterte Ammoniten, um sie auf See zu beschnitzen. Die meisten antiken *Snakestones* stammen von Walfängern. Folgende Arten wurden zur Herstellung von *Snakestones* benutzt: *Dactylioceras commune, Dactylioceras tenuicostatum* und *Hildoceras bifrons*. Die wunderschönen Ammoniten, die in Dorset bei Lyme Regis vorkommen *(Asteroceras)*, wurden ebenfalls *Snakestones* genannt. Es sind von dort große beschnitzte Stücke aus dem 19.Jahrhundert bekannt. Die großen jurassischen Ammmoniten von Portland *(Titanites giganteus)* wurden auch zu Schlangensteinen umgestaltet.

Aus Deutschland sind auch zahlreiche Beispiele von zauberkräftigen Schlangensteinen bekannt. Dazu wurden meist die Steinkerne von *Arietites bucklandi, Perisphinctes sp.* und *Aegoceras sp.* mit einem Kopf beschnitzt. Im Volksglauben herrschte trotz Christianisierung die Auffassung, daß die Schlangensteine Glück, Sieg, Reichtum und Schutz vor Krankheiten, Behexung und Blitzschlag bewirken können.

Es werden auch künstliche Schlangensteine zu magischen Zwecken genutzt. Der vielleicht älteste künstliche Schlangenstein ist ein paläolithischer Talisman aus einem Höhlengrab in Sibirien. Eine Reihe von künstlichen Schlangensteinen ist aus dem indischen Subkontinent bekannt, wobei einige wahrscheinlich Nachbildungen von *Saligramen* (siehe dort) sind. Sie werden als Schlangen-Mandalas oder Kundalini-Mandalas (kreisförmige Meditationsbilder) bezeichnet. Sie sind Symbole der im Menschen und Kosmos verborgenen, weiblichen schöpferischen Schlangenkraft. Wer diese Schlangenkraft nutzen kann, hat mächtige magische Kräfte. „Einmal im Fluß, kann diese Energie einem Erleuchtung und einen Zustand der Ganzheit bringen: das Gleichgewicht im unbewegten Zentrum der Spirale." (PURCE 1988: 101)

Im alten Mexiko wurden von den Azteken spiralig aufgerollte Schlangen in Stein (meist aus Granit) nachgebildet. Sie sehen den zu Schlangensteinen verarbeiteten Ammoniten täuschend ähnlich. Es ist aber unbekannt, ob die Azteken Ammoniten kannten und zu diesen Steinen eine Beziehung herstellten. Immerhin gibt es in Chihuahua und in Chiapas größere Ammonitenfundstellen. Im Südwesten Nordamerikas werden schlangenkraftbergende Fetische hergestellt und Schlangensteine genannt. Dazu werden entweder *Konkretionen, Koprolithe* (siehe dort) oder die oberen Gewinde (Apex) von rezenten Meeresschnecken (von *Conus spp.*) derart beschnitzt, daß eine planspiralig aufgerollte Schlange erkennbar wird.

In Europa wurden auch fossile *Haifischzähne* (siehe dort) und die fossilen, schlangenähnlichen Wohnkammern von Röhrenwürmern oder Wurmschnekken (z.B. *Lemintina arenaria*, Pliozän) als Schlangensteine bezeichnet. Zudem gibt es ein massiges Gestein, das Serpentin oder Schlangenstein heißt. Serpentin ist ein Magnesiumsilikat, das verschiedene Mineraleinschlüsse hat. Der grünliche Stein zeigt im Anschliff Flecken, die an die Zeichnung auf dem Rücken einer Schlange erinnern. Dieser Serpentin wurde als giftwidriges Heilmittel benutzt. Daraus stellte man auch drachen- oder herzförmige Schreck- und Fraisensteine her (vgl. *Malachit*). Sie waren meist durchbohrt und wurden als Amulette getragen. Aus Serpentin stellte man auch Mörser und Becher her. Medizin, die darin zubereitet oder aufbewahrt wurde, nahm die Zauberkraft des Steines in sich auf.

In der malayischen Magie, die weite Gebiete in Südostasien maßgeblich beeinflußt hat, gibt es einen Schlangenstein, *buntat raksa*. Dieser Zauberstein wird von dem *Bomor*, dem malayischen Zauberer zum Schlangenbeschwören und zum Heilen von Wunden und Vergiftungen benutzt. Diese Schlangenstei-

Abb. 52: Die alte Stadtmünze von Whitby mit der Darstellung der drei Schlangensteine.

ne können aus verschiedensten Materialien bestehen. Es kann ein Amalgam verschiedener Metalle (Gold, Silber, Zinn), aber auch ein mineralisches Salz, ein Fossil oder ein *Bezoarstein* (siehe dort) sein. Es heißt, die Kobra trägt einen leuchtenden, hellsichtig machenden Stein *(kemala)* in ihrem Kopf. Dieser Stein ist der Grund, warum Schlangen kämpfen und aggressiv sind. Sie wollen ihn keinesfalls hergeben. Nur ein mächtiger *Bomor* kann ihn dank seiner Zauberkunst gewinnen und erfolgreich benutzen.

Im peruanischen Schamanismus werden für Heilséancen, bei denen psychedelische San Pedro-Trünke genommen werden, verschiedene figurierte Steine (vgl. *Figurensteine*) als magische Waffen benutzt. Es sind meist Steine, die aus präkolumbischen Gräbern stammen. Steine, die in ihrer Gestalt an Schlangen erinnern, heißen *Piedra Culebra*, „Schlangensteine". Sie werden benutzt, um die Ursache für Getreideschäden aufzuspüren oder um das Getreidewachstum zu fördern. Schlangen sind ein altes indianisches Fruchtbarkeits- und Erneuerungssymbol.

Lit.: ABEL 1939, BRANSON 1976, GIMLETTE 1981, HAGN 1985, NEMEC 1976, RICHTER 1982, SHARON 1980, SKEAT 1967.

SCHNECKEN

Syn.: Conchylien, Muscheln (fälschlich)
Pal.: Stamm *Mollusca,* Klasse *Gastropoda;* Kambrium bis rezent
Schnecken tragen gewöhnlich spiralig aufgerollte Gehäuse. Sie sind nahe mit den Cephalopoden verwandt und werden oft mit *Ammoniten* (siehe dort) verwechselt. Fossile Schnecken sind meist als Steinkerne zu finden (vgl. *Berghörner*); Schalenerhaltung ist bei Schnecken aus dem Erdaltertum und Mesozoikum selten. Teritäre Schneckenfossilien haben oft die originale Schale. Fossile Schnecken gehören zu den ältesten bekannten Amuletten und Ritualobjekten der Menschheit. Die Rentierjäger der Magdalénien-Kultur haben vor 12.000 Jahren schon einen regen Handel mit fossilen Schneckenschalen aus dem Mainzer Becken betrieben. Die Schnecken wurden durchbohrt und aufgezogen als Amulettschmuck getragen. Es waren meist *Cerithium*-Arten, die benutzt wurden. Aus Mähren ist eine paläolithische Halskette bekannt, bestehend aus den fossilen Gehäusen von *Dentalium, Cardium, Cerithium, Melanopsis* und *Vermetus* (alle aus dem Wiener Becken). Es wurden fossile Schnecken der Gattungen *Natica, Cypraea, Sipho, Cerithium, Nassa, Conus, Littorina* benutzt. Eine jurassische *Chemnitzia* wurde im Moustérien als Anhänger gebraucht. Es sind auch steinzeitliche Nachbildungen von großen Schnecken *(Campanile gigantea)* ausgegraben worden.

28: Ohrgehänge aus Silber und Edelsteinen (Türkis, Rubin, Smaragd, Aquamarin, Rauchquarz, Rosenquarz) aus Kabul. (Foto: Robert Braunmüller)

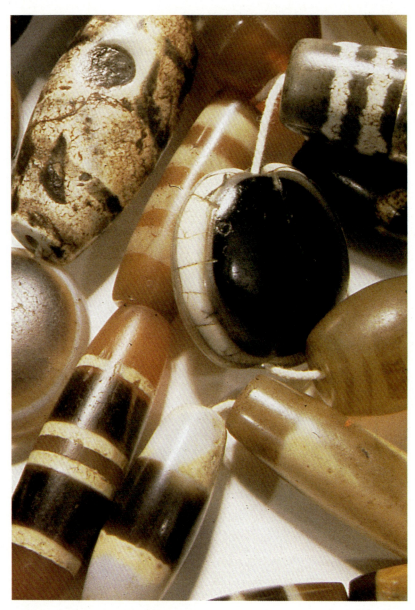

29: Tibetische *dZi*-Steine. (Aus WEIHRETER)

Die Zauberkraft der Schnecke erklärt sich wahrscheinlich aus der Spiralform. Der Spirale wurden zu allen Zeiten besondere magische Kräfte zugeschrieben. Die Spirale wurde oft als Symbol für die Seelenreise, für Leben, Tod und Wiedergeburt und den Übergang in eine andere Welt oder einen anderen Bewußtseinszustand betrachtet. Deshalb wurden Schneckenschalen, entweder fossile oder rezente, in den meisten frühen Kulturen als Grabbeigaben verwendet. Etwa bei den Maya oder Inka sollte die ins Grab gelegte Schnecke als Wegweiser in die paradiesischen Totenreiche dienen.

Auf Java gibt es reiche Vorkommen miozäner Schnecken und *Muscheln* (siehe dort). Sie werden von den Javanern gesammelt und als Amulette für Kraft und Stärke verwendet. Der Bedarf nach diesen Zaubersteinen ist so groß, daß Schneckenfossilien mit beschnitzten Steinen imitiert werden. Die bevorzugten fossilen Arten sind *Turritella* und *Barycypraea*.

Im Indopazifik gibt es eine rezente Schneckenart *(Magilus antiquus)*, die bereits seit dem Eozän vorkommt und die zur Familie *Coralliophilidae* gehört und die in Korallenstöcken lebt. Die Schnecke scheidet beim Wachstumsprozeß soviel Kalk aus, daß der obere Gehäuseteil vollständig aufgefüllt wird. Wenn der Korallenstock, in dem die Schnecke lebt, abstirbt und erodiert, bleiben schneckenförmige Calcitkerne übrig, die gelegentlich an Land gespült werden. Sie gleichen fossilen Steinkernen und werden von der Bevölkerung auch als Steine klassifiziert. Sie sind beliebte Zaubersteine in Indonesien. Auch auf den Philippinen werden diese seltenen „Steine des Meeres" als magische Objekte und kostbare Amulette betrachtet.

Die wichtigsten Schneckenfossilien, die als Zaubersteine verwendet werden, sind die *Acteonellen* (vgl. *Wirbelsteine*). Ethnologisch betrachtet sind Schneckenfossilien bei weitem nicht so bedeutend wie etwa fossile *Muscheln* oder *Brachiopoden* (siehe dort). Weitaus größere Bedeutung als Zaubermittel haben zudem die Gehäuse rezenter Schnecken. An vielen Orten werden aus den Gehäusen Fetische, Amulette und Andachtsbilder geschaffen. Sie werden bei religiösen Zeremonien als Schneckenhörner geblasen, dienen zur Meditation und der Divination. Sie sind sogar zu Emblemen mancher Götter (Vishnu, Triton) geworden. Die magisch-religiös bedeutungsvollsten Arten sind *Cassis cornutus, Charonia tritonis, Cypraea aurantium, Cypraea moneta, Cypraea stercoraria, Cypraecassis rufa, Lambis lambis, Strombus galeathus, Strombus gigas, Turbinella pyrum.* (Vgl. *Katzenaugen*).

Lit.: ANNOSCIA 1981, LEHMANN und HILLMER 1988, SAFER und GILL 1982, STIX und ABBOTT 1984, VAVRA 1987.

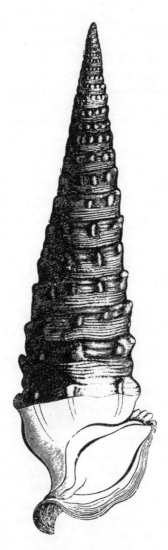

Abb. 53: Die größte bisher bekannte fossile Schneckenart *Campanile gigantea*. Ihre Gehäuse konnten über 60 cm hoch werden. (Aus Brockhaus, 1860)

SCHWALBENSTEINE

Syn.: Chelidonii, Chelidonius

PLINIUS hat vermutlich als erster den Schwalbenstein beschrieben. Er soll bei verschiedenen Zauberkünsten benutzt worden sein. Leider ist nicht überliefert bei welchen Zaubereien der Stein, wie und wofür eingesetzt wurde. Herkunft und medizinischen Nutzen faßte DIOSKURIDES wie folgt zusammen:
„Die Jungen der Schwalbe aus der ersten Brut schneide bei wachssendem Monde auf, und du wirst im Magen Steine finden; von diesen nimm zwei, einen bunten und einen schlichten, gib sie, bevor sie die Erde berührt haben, in die Haut von einem Kälbchen oder Hirsche und binde sie an den Arm oder Nacken, so wirst du Hülfe gegen die Epilepsie bringen, oft aber auch wirst du sie ganz heilen. Verzehrt sind sie (die Jungen), wie die Feigenfresser, ein Mittel für Scharfsichtigkeit. Auch die Asche davon wie auch von den Alten, wenn sie in einem Topfe verbrannt sind, macht mit Honig eingestrichen, das Gesicht scharf. Sie eignet sich auch zur Salbe für solche, die an Schlundentzündung leiden, sowie bei angeschwollenem Zäpfchen und Mandelentzündungen. Diese, wie auch die Jungen, getrocknet und in der Gabe von 1 Drachme genossen, helfen denen, die an Schlundentzündung leiden." (II, 61)

Im Mittelalter wurde der zu den *Organsteinen* (siehe dort) zählende Zauberstein zwar noch gepriesen, verlor aber an Bedeutung. Es war recht schwierig, einen Stein aus der Natur mit dem antiken Gedankengut in Einklang zu bringen. Einige identifizierten die *Krötensteine* (siehe dort) mit dem Schwalbenstein. MICHAEL HEBERER VON BRETTEN schrieb 1610 in seiner *Aegyptiaca Servitus* über diese Zaubersteine von Malta:

„In dem gemeldten Felsen findet man noch einen herzlichen Stein/ so die Inwohner *l'Ochi di serpe*, das ist/Schlangen-Augen nennen/ hier zu landt nennen sie etliche Schwalbenstein. Die seind schön Rundt/Goltgelb von Farben/und haben etliche mitten ein rechten Formierten Augapfel. Dieser Stein ist wol einem Edelstein zuvergleichen/nicht allein wegen seiner schöne/ sondern vielmehr wegen seiner Tugendt/dann er sonderlich gut für das Grimmen. Er muß aber in einem Ring also eingefasset werden/daß er inwendig durchscheinet/und den blossen Finger anrüret/Wie dann zu meiner zeit der Großmeister selber einen getragen/als ein gewisses mittel für das Grimmen. So hab ich selber der Malthäser-Stein/wie auch der gemeldten Otter oder Schlangen-Zungen und Schlangen Augen/ mit mir herausser gebracht/und solche Tugendt an allen/bey vielen Menschen bewähret gefunden." (III, 16, S.437f)
Diese Steine sind vermutlich die in den eozänen Schichten Maltas vorkommenden Fischzähne von *Chrysophrys*.

Auch die alte chinesische Pharmakopöe kennt einen Schwalbenstein, den *shih yen* („Stein-Schwalbe"):
„Dieser Stein sieht wie eine Auster aus. In der Farbe ist er erdig. Die runden und großen sind der männliche Schwalbenstein; die langen und kleinen der weibliche Schwalbenstein. Eine Art von *shih yen* kommt in Tropfsteinhöhlen vor. Sie haben die Gestalt einer Schwalbe und können fliegen. Sie ernähren sich von der milchigen Ausdünstung der Stalaktiten." (vgl. *Tropfstein*)
Die Assoziation zwischen Schwalbe und Muschel ist weit verbreitet: „Alten chinesischen Mythen zufolge hören die Schwalben auf, Schwalben zu sein, wenn sie überwintern müssen; sobald sie im Spätherbst ihre im Meer gelegenen Unterschlüpfe beziehen, werden sie Muscheln. Bauernkalender berichten, daß die Muschel nur bei Vollmond voll, bei Neumond hingegen leer ist. Und Sperlinge seien während der kalten Jahreszeit, wo immer sie sich verbergen müssen, nichts als Austern." (EBERHARD 1983: 200) Vielleicht ist der Schwalbenstein eine fossile *Muschel* (siehe dort; vgl. auch *Brachiopoden*). Schwalbensteine sollen – ähnlich wie die Schwalbennestsuppe – die männliche Fruchtbarkeit anregen.

Lit.: ANNOSCIA 1981, CALLOIS 1983.

SEEIGEL

Syn.: Bischofskrone, Blitzstein, Brontia, Ceraunia, Chelonitides, Donarsteine, Donderstein, Donnersteine, Duchanek, Galactites, Gewitterstein, Glückssteine, Göttersteine, Grödenstein, Herrgottsteine, Hexensteine, Hutsteine, Judenherz, Knopfstein, (groß) Krötensteine, Lapis pileati, Lapis spiritalis, Milchsteine, Mispelsteine, Muttergottessteine, Oeuf de serpents, Ombria, Ovum anguinum, Pierres d'orage, Pierres sorcières, Prophetenstein, Riesenknöpfe, Sanddollar, Schlangeneier, Schlangeneisteine, Schlangenherz, Scolopendrites lapis, Seelensteine, Shephard's Crown, Siegsteine, Spadjesten, Sternsteine, Totenseelensteine, Versteinerte Kinderherzen, Versteinerte Melonen, Versteinerte Polypen, Wettersteine, Wirtelsteine

Pal.: Stamm *Echinodermata,* Klasse *Echinoidea*; Ordovicium bis rezent.
Die zu den Stachelhäutern zählenden Seeigel sind eine unverwechselbare Klasse wirbelloser Tiere. Sie haben alle eine kugelige aus Kalksegmenten aufgebaute Schale. Daran sitzen durch eine Haut gehalten auf warzenförmigen Erhebungen die Kalkstacheln. Es gibt Arten mit nadelförmigen kurzen, aber auch spitzzulaufenden langen Stacheln. Manche Arten haben dicke, geschoß- oder keulenartige Stacheln. Die langen geschoßförmigen Stacheln des

Griffelseeigels *(Heterocentrotus mammillatus)* werden oft mit den *Donnerkeilen* (siehe dort) verwechselt. Besonders auffällig ist die auch bei Seesternen zu beobachtende fünfstrahlige Symmetrie (vgl. *Seelilien*). Es wird zwischen regulären und irregulären Seeigeln unterschieden. Reguläre Seeigel sind kreisrund und gleichmäßig in fünfstrahlig-symmetrische Segmente aufgeteilt. Im Zentrum an der Unterseite befindet sich der Mund mit dem ebenfalls fünfgliedrigen Kiefer („Laterne des Aristoteles"). Im Zentrum an der Oberseite ist die Analöffnung. Irreguläre Seeigel sind häufig herzförmig. Mund und After befinden sich auf der Unterseite. An der Oberseite zeigt sich aber deutlich ein fünfstrahliger Stern. Die entweder halbkugelig oder auch flach-scheibenförmigen („Sanddollar") Seeigel bevölkern seit dem Mesozoikum alle Meere. Besonders zahlreich waren sie in der Kreidezeit. Fossile Seeigel gibt es in der ganzen Welt. Wichtige Fundorte sind auf Rügen, in Norddeutschland, England, Spanien, Italien, Frankreich, Ägypten und Mexiko. Die meisten Seeigelfossilien werden als Oberflächenfunde gesammelt. Da sie oft als Feuersteinkerne erhalten sind, gehören sie zu den in Moränengebieten (z. B. im norddeutschen Geschiebe) häufigen Fossilien. Diese äußerst ungewöhnlichen und auffälligen Fossilien werden seit der Steinzeit als Zaubersteine gesammelt und verwendet. Die versteinerten keulen- und geschoßförmigen Stacheln wurden ebenfals als Zaubersteine benutzt (vgl. *Judensteine*).

An der Ostsee wurde ein kreidezeitlicher Seeigel gefunden, der vermutlich von steinzeitlichen Menschen retuschiert wurde und an ein Gesicht erinnert. Seeigel sind seit dem Neolithikum als Grabbeigaben nachzuweisen. In der Bronzezeit wurden sie in besonderen Anordnungen in Gräbern angebracht, die keinen Zweifel an ihrer großen magischen Bedeutung aufkommen lassen. In einem minoischen Grab bei Prinios auf Kreta wurde ein großer miozäner *Clypeaster altus* als Totengabe gefunden. Während der 26.Dynastie wurden Seeigelfossilien auch in ägyptischen Gräbern beigesetzt. In einem langobardischen Grab aus dem 2.Jahrhundert wurde ein kleiner in Bronze gefaßter, aus dem Geschiebe stammender Seeigel *(Galerites vulgaris)* gefunden.

Die älteste Darstellung eines fossilen Seeigels ist auf einer gallo-römischen, antiken Steinstele zu sehen. Die früheste Quelle für den Gebrauch fossiler Seeigel als Zaubersteine ist die *Naturgeschichte* des PLINIUS. Er schrieb über einen bei keltischen Druiden hochangesehenen Zauberstein, den er *ovum anguinum*, „Schlangenei", nannte: „Ich selbst habe dieses Ei gesehen, das einem runden Apfel von mäßiger Größe glich; es hatte eine knorpelige Kruste, die mit dichtstehenden Vertiefungen wie Saugnäpfe an den Armen eines Polypen bedeckt war; es trug den Drudenfuß [*signum druidis*]." Die Druiden erklärten den Ursprung der Schlangeneier so: In der Sommerzeit versammeln sich die Schlangen und drängen sich in Knäueln. Der Geifer, den sie dabei ausscheiden, verdichtet sich zu dem Schlangeneistein. Weiterhin berge der Stein eine siegbringende Kraft, die ihn zum *Siegstein* mache (sieh dort). Wie die Kommentatoren des PLINIUS angedeutet haben, und ABEL schließlich nachgewiesen hat, handelt es sich bei dem druidischen Zauberstein um jurassische Seeigel *(Hemicidaris crenularis, Cidaris coronata)*. In manchen ehemals keltischen Gebieten trifft man noch auf sporadische Erinnerungen an die Zeit der druidischen Zaubersteine. Noch heute heißen die fossilen Seeigel in der Provence *oeuf des serpents*. Die provencalischen Bauern glauben, daß aus den Schlangeneiern ein wunderbringender Drache *Voivre* geboren werde, der in seinem Inneren einen kostbaren Zauberstein birgt. In der Gegend von Bordeaux werden die tertiären Seeigel *Echinolampas stelliferus* als Donnersteine bezeichnet und als Talisman gegen den Blitz benutzt.

Ob die Zauberkraft der versteinerten Seeigel in deren Zeichnung gesehen wurde, oder ob die Zauberkraft des Pentagramms (Drudenfuß, Alpkreutz, Truttenkreuz) auf den Gebrauch der Seeigel als Zaubersteine zurückgeht, läßt sich nicht eindeutig entscheiden. Aber die Vermutung liegt nahe, daß der Drudenfuß durch den paläolithischen Gebrauch der Seeigel entstanden ist.

PLINIUS berichtet noch von einem anderen Zauberstein, der vermutlich ein fossiler Seeigel war:

„Es heißt, daß man in der Hydromantie mit Hilfe eines Ananchites die Bilder der Götter beschwören kann, mit einem Synochites aber die aus der Unterwelt beschworenen Schatten der Toten festzuhalten vermag." *(Nat.hist.,* 37, 11)

Die Identifizierung des *Ananchites* als regulärer Seeigel *(Echinocorys ovata;* syn.: *Ananchytes ovata)* ist zwar nicht eindeutig, aber wahrscheinlich.

In prähistorischen Gräbern in Frankreich und Deutschland wurden fossile Seeigel der Gattungen *Echinocorys, Stegaster* und *Micraster* oft in großer Zahl gefunden. Sie standen eindeutig mit dem Totenkult und dem Seelenglauben in Verbindung. In einem ehemals kegelförmigen Grabhügel von 20 m Durchmesser wurde im Zentrum nichts als eine aus fünf Schieferplatten zusammengesetzte Steinkiste gefunden. Darin lag ein einziger fossiler Seeigel. In einem anderen Grab lag das Skelett unter einem Berg von Hunderten von Seeigeln. In einem bronzezeitlichen Grab lagen neben den Skeletten einer Frau und eines Kindes 200 Seeigel der Arten *Echinocorys ovata* und *Micraster coranguinum*. In den Gräbern der Merowingerzeit wurden häufig Seeigel entdeckt. In einem Grab waren ein *Micraster coranguinum*, eine Auster *(Ostrea edulis)* und eine Kaurischnecke (vgl. *Muttersteine*) so auf die Leiche plaziert worden, daß sie offenbar eine magische Konstellation ergeben sollten.

In Dunstable Downs, England, wurden bei Ausgrabungen eines Hügelgrabes

sehr viele fossile Seeigel *(Micraster)* als Grabbeigaben entdeckt. Weil fossile Seeigel oft in Gräbern gefunden wurden, setzte sich auch im Volk der Glaube durch, es handle sich um *Seelensteine* (siehe dort).
Noch heute werden in England derartige Fossilien als Amulette oder Talismane benutzt. Kreidezeitliche *Micraster* wurden auch *Shephard's Crown*, „Kronen der Schafhirten", genannt und galten als *Sternsteine* (siehe dort). Man glaubte, es seien vom Firmament gefallene, zu Stein gewordene Sterne.
In Böhmen hießen fossile Seeigel *duchanek,* „Seelenstein". Sie waren Zaubersteine, mit denen man die Seelen der Verstorbenen anrufen und wieder auf die Erde bringen konnte. Diese Duchanek konnten aber auch zu Schadenzauber mißbraucht werden. Zauberer konnten mit Hilfe dieser Steine den Kindern die Seelen aus dem Munde ziehen. Überwiegend galten sie aber als ausgezeichnete Heilmittel und Schutzamulette vor Seuchen, der Pest, vor Vergiftungen aller Art, Verzauberung und Behexung. Sie standen so hoch im Ansehen, daß sie von den berühmten böhmischen Glasbläsern nachgemacht und gefälscht wurden. Diese Fälschungen, aber auch durchbohrte Seeigel, wurden als Spinnwirtel oder Wirtelsteine benutzt. Aus gallo-römischer Zeit ist ein *Cidaris*, der zu einem Spinnwirtel verarbeitet wurde, bekannt.
In den ehemals germanischen Gebieten wurden die in *Feuerstein* (siehe dort) verwandelten Seeigel *(Echinocorys ovata, Echinocorys sulcata, Galerites vulgaris, Sternotaxis planus)*, ähnlich wie die *Donnerkeile* (siehe dort), mit dem mächtigen Sturm- und Gewittergott Donar/Thor assoziiert. Sie wurden nicht nur Götter-, Blitz- oder Wettersteine genannt, sie sollten auch vor Blitzschlag, den Schrecken der Gewitter und den dadurch ausgelösten Feuersbrünsten schützen. Vielleicht dienten sie in alter Zeit als Opfergaben an den Donnergott. In manchen ländlichen Gebieten werden immer noch solche Blitzsteine im Gebälk als Blitzschutz deponiert. Die Blitz- und Donnersteine schützen auch vor dem Bösen Blick.
Auf Rügen wurden die fossilen Seeigel *(Phymosoma granulosum)* aus den

Abb. 54: „Ovum anguinum"; fossile Seeigel in der Deutung als Schlangenei. (Aus DeBoot, 1647)

Kreidefelsen den Schweinen in den Futtertrog gelegt, damit diese vor der Rotlaufkrankheit geschützt werden. Andernortes werden Kreide-Seeigel in die Milchkübel gelegt, um das Versiegen der Milch zu verhindern und das Vieh vor Behexung zu schützen (vgl. *Drachensteine, Milchsteine, Wirbelsteine*). In Niedersachsen wurde den Kühen ein versteinerter Seeigel als Medizinpulver eingeflößt, wenn sie statt Milch Blut gaben. In Pommern legte man die Fossilien in die Bienenstöcke, um sie zu schützen. In der Mark Brandenburg legte man Seeigel in die Wiegen der Neugeborenen. Dadurch sollten die Hexen gebannt werden.

Die alten Maya benutzten rezente und fossile Sanddollar als Opfergaben in ihren Ritualdepots. Leider ist über deren magische Bedeutung nichts weiter bekannt.

Fossile Sanddollar *(Encope micropora;* Pleistozän) weisen ein sehr deutliches Pentagramm auf. Deshalb sind sie im Wicca-Kult, der sich in modernen sexualmagischen Zirkeln neu etabliert und keltisch-germanische Traditionen wieder aufgenommen hat, zu heiligen Zaubersteinen geworden. Sie stellen das magische Pentagramm dar, durch das die Wicca ihre zauberischen und prophetischen Kräfte bezieht.

Lit.: ABEL 1939, ANNOSCIA 1981, CUNNINGHAM 1988, EVANS 1976, KRÜGER 1987, LEHMANN und HILLMER 1988, PHILIPPSEN 1923, RICHTER 1981.

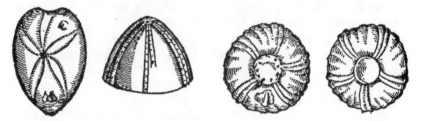

Abb. 55: Versteinerungen irregulärer Seeigel (links) und regulärer Seeigel (rechts). (Aus GESNER, 1558).

SEELENSTEINE

Bei vielen Völkern gibt es die Vorstellung, daß die Seele des Menschen den Körper zeitweise verlassen kann. So steigt die Seele im Schlaf aus dem Körper und reist in die Traumwelten. Manche Schamanen oder Zauberer lassen ihre Seele auch absichtlich in andere Wirklichkeiten überwechseln. Dazu haben sie verschiedene Techniken und Rituale entwickelt. Oft geschieht es unter Einfluß psychedelischer Pflanzen. Manche Zauberer benutzten Steine, die meist wie gewöhnliche Flußgerölle aussehen, als Seelensteine. Damit können sie ihre eigene, aus dem Körper getretene Seele für bestimmte Zwecke, Heilung oder Schadenzauber, benutzen. Verliert ein Zauberer seinen Seelenstein, wird er machtlos.

In Australien wurden besonders abgerollte Steine und Fossilien, in Papua-Neuguinea vermutlich *Ammoniten* (siehe dort), bei den alten Germanen und Kelten *Seeigel* (siehe dort), bei den Tibetern *Türkise* (siehe dort) und bei manchen indianischen Völkern *Bergkristalle* (siehe dort) als Seelensteine benutzt. (Vgl. *Bernstein*).

Lit.: ABEL 1939.

SEELILIEN

Syn.: 1) Stielglieder: Astroiten, Bonifaziuspfennige, Hexengeld, Hünenträ-nen, Hunnentränen, Hyazinthperlen, Katzenkäse, Mühlensteinchen, Nelkensteine, Peterspfennige, Rädersteine, Schrattensteine, Schraubensteine, Sonnenräder, Sonnenradsteine, Sonnensteine, Spangensteine, Sternchen, Sternsteine, Trochiten, Wichtelsteinchen, Zwergensteine

2) Kelche: Pflanzentiere, Schallbecher

Pal.: Stamm *Echinodermata;* Klasse *Crinoidea,* Ord. *Isocrinida;* Trias bis rezent.

Die mit den *Seeigeln* (siehe dort) verwandten, meeresbewohnenden Seelilien wirken auf den unbedarften Betrachter wie wundervolle, barocke Blumen. Die „urweltlichen Pflanzen-Thiere" – wie sie noch im 19. Jahrhundert genannt wurden – sind schlangensternartige Tiere, die wie ein Blütenkelch auf einem am Untergrund festhaftenden Stiel sitzen. Die frühesten Formen entstanden im Ordovizium. Ihre größte Verbreitung erlebten sie in der Trias. Heute gibt es nur mehr wenige Arten, die sehr selten sind und in großer Meerestiefe leben. Als Fossilien kommen meist die versteinerten Stielglieder vor. Zum Teil sind diese sogar gesteinsbildend (sogenannter Trochitenkalk; vgl. *Trochiten*). Versteinerte Kelche sind relativ selten. Bedeutung als Zaubersteine haben nur die herausgewitterten Stielglieder gewonnen. Sie kommen in großen Mengen in Mitteleuropa vor.

In einem neolithischen Grab bei Peu-Pierroux in Frankreich wurden durchbohrte Stielglieder von der jurassischen Art *Encrinites moniliformis* als Grabbeigaben entdeckt.

Die Stielglieder von *Encrinus liliiformis* sind kreisrund und erinnern an

Miniaturen von Mühlsteinen. Sie wurden bei den alten Germanen als Abbilder der Sonne betrachet, als solche verehrt und als Amulette getragen. Auf altgermanischen Kultbergen hat man große Anhäufungen solcher Zaubersteine entdeckt. Sie wurden als Opfersteine benutzt. Die Bezeichnungen Sonnenrad, Sonnenradstein, Sonnenstein haben sich bis heute gehalten. Meist wurden sie mit der Christianisierung umbenannt in Bonifaziuspfennige. Der Missionar Bonifazius hat sich dadurch einen Namen gemacht, daß er eine dem Donar geweihte Eiche hat fällen lassen. Ludwig BECHSTEIN hat zu Anfang des 19. Jahrhunderts die Sage von den Bonifaziuspfennigen aufgezeichnet:
„Als vor Zeiten der heilige Bonifazius vom Eichsfelde herüber auch in diese Gegend Thüringens kam die christliche Lehre zu begründen und das Heidenthum auszurotten, fand er großen Widerstand und das Volk weit mehr Verlangen tragend nach den irdischen denn nach himmlischen Gütern. Die alten Bewohner verlangten von ihm und seinen Gehülfen Geld und Gut, und als sie diese nicht erlangten, schalten sie die Bekehrer übel und warfen sie mit Steinen. Da verfluchte Bonifazius alles Geld im Lande, und augenblicklich schrumpfte jeder Pfennig zu einem kleinen Stein zusammen. Als die Heiden dieses Wunder sahen, erschraken sie und ließen sich taufen. Was aber zu Stein geworden war, blieb Stein; davon findet man noch heute zuweilen an der Arensburg und an der nahe gelegenen Sachsenburg und nennt es Bonifaziuspfennige."
Die fünfeckigen Stielglieder der jurassischen Gattung *Millecrinus* wurden als Amulette gegen alle Körperschäden getragen.
Die sternförmigen, fünfeckigen Stielglieder der jurassischen Gattung *Pentacrinus* wurden als *Drudensteine* oder *Sternsteine* (siehe dort) bezeichnet. Auch diese Fossilien haben einst als Zaubersteine und Amulette gedient. Die Zauberkraft liegt wohl in der an ein Pentagramm erinnernden Gestalt (vgl. *Seeigel*).
Über den magischen Gebrauch von Seelilengliedern bei außereuropäischen Völkern ist nur sehr wenig bekannt.
In Marokko werden die runden, herausgewitterten Seelilienstielglieder der mitteldevonischen Gattung *Rhipidocrinus* in den östlichen Saharagebieten gefunden und von den Berbern zu zauberkräftigen Ketten aufgezogen. Sie sollen getragen werden, um alles Unheil abzuwenden.

Lit.: ABEL 1939, NEIL 1984.

SHIVA-LINGAM

Syn.: Lingam, Phallusstein, Saligram
Geo.: Konkretionen, gelegentlich Fossilien, Gerölle, Tropfstein, Felsen.
Shiva ist einer der drei hinduistischen Hauptgötter, für viele Hindus der Gott,

der alle anderen Gottheiten in sich trägt. Er wird als Schöpfer und Zerstörer des Universums hauptsächlich in seiner Gestalt als unendlicher, androgyner *Lingam* (Phallus) verehrt. Viele Shivabildnisse stellen deshalb lediglich einen enormen, erigierten Penis dar und heißen Shiva-lingam. Die am tiefsten verehrten Lingams sind natürlich geformte Steine, die an die Phallusgestalt erinnern. Von diesen Steinen geht eine segenbringende, fruchtbarkeitspendende Zauberkraft aus, die sich der Shiva-Gläubige durch Verehrung, Salbung, Ölung, durch Gebete und Mantren und durch Opfer (Speisen, Drogen, Blüten) zuführen kann. Oft werden die Lingams als Zeichen der Ehrerbietung mit Thika-Farben bestrichen (vgl. *Rauschgelb und Rauschrot, Zinnober*). Überall im Himalayagebiet gibt es natürlich geformte Steine, die als Shiva-lingam gelten. Zum Teil sind es Flußgerölle aus dem Kali Gandaki oder der Ganga. Oft werden ihre Zauberkräfte gerühmt. Manches Dorf führt die Fruchtbarkeit seiner Felder auf die Kräfte des Steines zurück. Shiva-lingams können auch als persönliche Zaubersteine benutzt werden. Wer einen phallisch geformten Stein findet, wird ihn mit den entsprechenden Ritualen zum Leben erwecken, d.h. dessen Zauberkräfte aktivieren, und ihn auf dem Hausaltar täglich verehren. Viele solcher Shiva-lingams sind die fossilhaltigen *Saligrame* (siehe dort).
Wenn ein Saligram als Shiva-lingam verehrt wird, geschieht es nach folgendem Ritual. Zuerst wird der Stein mit geweihtem Wasser gewaschen, indem dieses aus einer *Shankha* oder heiligen Schnecke *(Turbinella pyrum)* darübergegossen wird. Dann wird der Stein mit *Panchamrita,* einem Gemisch aus den 5 Opferspeisen: Milch, Joghurt, Ghee (= Butterfett), Honig und Zucker, bestrichen. Schließlich wird über das Symbol des Lingam meditiert.
In shivaitischen oder tantrischen Ritualen wird die Zauberkraft des Steines noch durch das *bhang*-Opfer verstärkt. *Bhang* ist ein Trunk aus Hanf *(Cannabis sativa)*, Opium, Stechapfel *(Datura ferox, D. metel, D. stramonium)*, Gewürzen, Nüssen, Honig, Butterfett und Milch. Dieser Trunk wird zu Ehren des Gottes eingenommen und über den Lingam-Stein gegossen, um ihn versöhnlich zu stimmen. Dabei nimmt der tantrische Zauberer genauso die berauschende und schöpferische Kraft in sich auf, wie der Gott selbst.
Shiva-lingam-Steine werden häufig als Liebeszauber oder magische Aphrodisiaka benutzt. Wird der Stein am Körper getragen, überträgt sich dessen Potenz auf den Träger.
Der himalayische und indische Kult um den Shiva-lingam ist sehr alt. Die frühesten Lingam-Bildnisse sind immer einfache Felsen, Gerölle oder Fossilien (vgl. *Ammoniten, Belemniten*) gewesen. Später wurden sie auch in Stein geschnitten. Dann wurde ihnen die Gestalt eines ovalen Eies verliehen (sogenannte *Brahmanas*). Für Tempel wurden sie meist in Stein gehauen und

stellen den Phallus in der *yoni*, der kosmischen Vulva steckend, dar. Diese Lingam-yoni-Bildnisse wurden ebenfalls in Steine geschnitten. Die wirkungsvollsten künstlich bearbeiteten, zu Phalli geformten Steine sind *Bergkristalle* (siehe dort).

Der Phallus-Stein-Kult ist in den hinduistischen Gebieten bei weitem am stärksten ausgeprägt. Aber fast überall in der Welt werden phallische Steine als Fruchtbarkeitssymbole betrachtet, als magische Aphrodisiaka benutzt und als heilige, zauberkräftige Steine verehrt (vgl. *Belemniten, Figurensteine, Judensteine, Konkretionen, Obelisken, Omphalos, Pilzsteine, Tektite, Tropfstein*).

Lit.: MOOKERJEE 1977, 1982, MÜLLER-EBELING und RÄTSCH 1985, RÄTSCH 1988.

SIEGSTEINE

Syn.: Sigessteine

Seit dem Altertum wird an die siegbringende Kraft bestimmter Steine geglaubt. Im Mittelater war dieser Glaube noch weitverbreitet. Diese Siegsteine konnten verschiedener Herkunft sein. Oft waren es *Ammoniten, Schlangensteine* oder *Seeigel* (siehe dort).

Im *Wiener Codex 428* ist ein Zauberspruch überliefert, der den Siegstein aktiviert:

    ich hoere von den steinen sagen,
    die natern und kroten tragen,
    daz grôze tugend da an lige,
    swer si habe, der gesige;
    mohten daz sigesteine wesen,
    sô solt ein wurm vil wol genesen,
    ders in sînem libe trüege,
    daz in nieman erslüege
    (nach Jacob GRIMM, *Deutsche Mythologie: S. 1020)*

Es ist nicht ganz klar, wie dieser Spruch zu deuten ist. Wird darin der Schlangenstein oder wird ein *Bezoar-* oder *Organstein* (siehe dort) beschworen? Heutzutage ist die Vorstellung von einem Siegstein weitgehend verschwunden.

Lit.: ABEL 1939, RICHTER 1982.

STEINFARBEN

Seit ältesten Zeiten werden farbige Mineralien zu Steinfarben zermahlen. Dabei wurden ihnen von den Tibetern und den Navajo-Indianern magische

Kräfte zugeschrieben. Die Tibeter malten ihre Thankas, die heiligen Rollbilder, die der Meditation, aber auch der Zauberei dienen, mit Steinfarben. Dadurch übertragen sich die Zauberkräfte der Steine auf das Bild. Die Tibeter benutzten zur Herstellung ihrer Steinfarben folgende Minerale: *Azurit, Lapislazuli, Malachit, Rauschgelb und Rauschrot, Zinnober* (siehe dort).
Die Medizinmänner der Navajo streuen mit Farbpulver in nächtelangen Heilzeremonien kosmologische Bilder auf den Boden (Sandbilder). Dadurch aktivieren sie die spirituellen Heilkräfte in sich selbst und in den Kranken.
Die Steinfarben, die im Südwesten Nordamerikas benutzt werden, werden aus folgenden Mineralien gewonnen: *Azurit, Blutstein, Malachit, Türkis* (siehe dort) und Limonit.

Lit.: BARNETT 1973, JACKSON 1988, REICHARD 1977.

STERNSTEINE

Syn.: Asteria, Asterites, Astrion, Astroiten, Astrolobos
Geo.: 1) Reste fossiler Korallen, deren Kelchsepten im angeschliffenen Zustand ein sternförmiges Muster zeigen; besonders die Sternkorallen *Scleractinia* und *Isastrea*
2) Stielglieder fossiler Seelilien *(Pentacrinus)*
3) fossile Seeigel *(Micraster)*
4) Meteorite
5) bestimmte Edelsteine, die im Rundschliff einen Lichtstern reflektieren.
6) *dZi*-Steine
7) Artefakte und Donnerkeile (vgl. *Belemniten*)
8) Feuerstein

Der Himmel ist bei allen Völkern der Sitz der wohlgesonnenen Götter. Die Himmelskörper sind ebenfalls Götter. Sonne, Mond, Sterne, Planeten, Sternbilder, Kometen – alle wurden als männliche oder weibliche Götter oder andere göttliche Wesen gedeutet. Wann und wo erstmals die Vorstellung auftauchte,

Abb. 56: *Asteria vera*, die „echten Sternsteine", sind die versteinerten Stilglieder der Gattung *Pentacrinus*. (Aus GESNER, 1558).

die Sterne seien Steine, läßt sich nicht mehr nachvollziehen. Vielleicht entstand sie, als ein Meteoritenfall beobachtet wurde. *Meteorite* (siehe dort) werden seit alters her als gefallene Sterne betrachtet. Im Laufe der Geschichte wurden viele natürliche, bearbeitete oder künstliche Gebilde als Sternsteine bezeichnet. Dabei galten sie meist als vom Firmament gefallene Sterne. Jede Art von Sternstein wurde als Zauberstein benutzt und war sehr begehrt. Man vermutete in ihnen einen Teil der himmlischen Mächte oder Freuden und glaubte sie durch Weihen und Beschwörungen magisch nutzen zu können. Manche Sternsteine wurden als schützende, machtverleihende Zauberjuwelen und Amulette (Sternsaphir, Sternrubin, Rosenquarz, Rutilquarz), andere (Korallen, Seeigel, Seelilienstielglieder; vgl. *Trochiten*) wurden auch als simple Heilmittel benutzt.
Im Mittelalter und in der frühen Neuzeit wurden solche Sternsteine in den Pharmakopöen und Apotheken als Heilmittel geführt. BOETIUS DE BOOT schrieb ein Rezept nieder:
„4 Gran gepulverter Sternstein mit Wasser vermischt, soll vor Übertragung der Pest schützen. Weiters soll Leber, Lunge und Blut gereinigt und Schlaganfälle verhindert werden."
Heutzutage werden meist nur noch *Edelsteine* (siehe dort), die eine Sternreflektion aufweisen, als Sternsteine bezeichnet.

Lit.: ABEL 1939, LÜSCHEN 1979, SCHADEWALDT 1986.

Abb. 57: Die im Berge strahlenden Sternsteine. (Aus *Hortus sanitatis*, 1509)

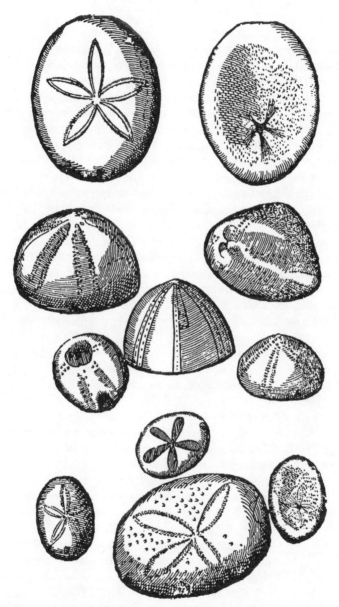

Abb. 58: Die fünfstrahligen Muster auf den fossilen Seeigeln galten vielfach als vom Himmel gefallene Sterne. (Aus ALDROVANDI, 16. Jh.)

SUISEKI

Syn.: Heilige Steine, Meditationssteine, Meiseki, Zen-Steine
Geo.: meist erodierte Gesteine, seltener Fossilien (Ammoniten)
Suiseki sind natürlich geformte Steine, die wegen ihrer Formen, ihres ästhetischen Reizes, ihrer Austrahlung und Symbolik seit mehr als 2000 Jahren in China, besonders aber in Japan verehrt werden. Suiseki bedeutet „Wasser-Stein". Dieser Name ist noch eine Erinnerung an ein altes taoistisches Ritual, bei dem besonders geformte, heilige Steine in ein Wasserbecken gesetzt werden. Der Stein stellt die Insel der Seligen dar, das Wasser den unendlichen Ozean. Der Stein ist *yang*, das männliche Prinzip, das Wasser ist *yin*, das weibliche Prinzip. Der Taoist nutzt diese Anordnung als Meditationsobjekt, als Fokus für die Verzauberung seines eigenen Bewußtseins. Der Stein sollte Grotten oder Gebirgen ähnlich sein. Sie sind die magischen Orte, in die der Betrachter reist. Dort kann sein Bewußtsein an der Unsterblichkeit teilhaben, dort kann er das wahre Wesen der Welt, das tiefere Selbst seines eigenen Bewußtseins erkennen. Es gibt einige Hinweise, daß die frühen Taoisten die Steine mit bewußtseinsverändernden Mitteln beräucherten und bei der Meditation in einen Rauschzustand gerieten. „Der Wahrhaftige wird unsichtbar... Er begibt sich in eine Landschaft, die er selbst gezeichnet hat, und verschwindet in ihr. Er kommt nicht wieder zum Vorschein. Er hat die Welt der eitlen, flüchtigen Wandlungen verlassen, um die allumfassende Quelle wiederzuerlangen und an der Dauer teilzuhaben. An jenen Zufluchtsorten, wo ihn nichts zu erschüttern, zu stören vermag, ist er unsterblich, schweigsam, unempfindlich wie Stein." (CALLOIS 1983: 75).
In Japan wurde dieser Steinkult im 6.Jahrhundert übernommen, mit shintoistischen Ideen über die Verehrung der Natur, und besonders der Steine bereichert, mit dem Zen-Buddhismus in Einklang gebracht und zu einer Kunst der Wahrnehmung verfeinert. Die japanischen Suiseki sind in erster Linie Meditationsobjekte, die in ihrer mikrokosmischen Gestalt die Essenz von makrokosmischen Erscheinungen, wie Gebirgen, Inseln, Klippen, Wasserfällen, Küstenstrichen usw. enthalten. Es werden dazu Steine von dunkler Farbe bevorzugt. Sie sollen möglichst eine Patina haben, gelegentlich mit Wasser begossen, manchmal sogar geölt werden. Es müssen natürliche Steine sein. Zum Suiseki werden sie erst dadurch, daß sie einen hölzernen Stand bekommen oder in einer Schale, die mit Sand oder Kies gefüllt ist, eingebettet werden. Jeder Stein bekommt einen individuellen Namen (z.B. „Fließende Brücke der Träume", „Fernes Gebirge im Morgennebel"). In den letzten Jahrzehnten werden auch Fossilien, besonders aber *Ammoniten*, zu Suiseki gemacht.

30: Böschel-Jamthang aus Tibet gefertigt aus Silber, Türkisen und tibetischem Bernstein.

31: Halsketten mit Türkisen und Korallen. Die Ketten stammen aus Ladakh oder Zanskar.

Lit.: CALLOIS 1983, COVELLO und YOSHIMURA 1984.

TAUBENSTEINE

Syn.: Dübeli, Täuble, Tübli
Pal.: Stamm *Brachiopoda,* Ord. *Rhynchonellida;* Jura.
Viele jurassische *Brachiopoden* (siehe dort), die als Steinkerne herauswittern, erinnern, von einer Seite betrachtet, an Tauben, Vögel oder Engel (vgl. *Heiligengeist-Schnecken*). Sie werden seit der Steinzeit gesammelt und als Amulette am Arm getragen. Sie sollen eine allgemeine Schutzwirkung haben und sich positiv auf die Libido auswirken (vgl. *Muttersteine*).

Lit.: ABEL 1939.

TEKTITE

Syn.: Glasmeteorite (fälschlich), Mondsteine, Moldavite
Min.: Gesteinsgläser, die als Fremdkörper in jungtertiären und quartären Ablagerungen in aller Welt zu finden sind.
Die meisten Tektite sind tropfenförmig, einige Zentimeter lang und schwarz. Es gibt verschiedene Theorien über den Ursprung der Tektite. Sie wurden als Nebenprodukte alter Glasindustrien, als außerirdisches Glas, als Produkte vulkanischer Tätigkeit, als Steine, die durch vulkanische Tätigkeit auf dem Mond entstanden sind und auf die Erde geschleudert wurden, gedeutet. „Man geht heute davon aus, daß die Entstehung der Tektite in direktem Zusammenhang mit Kollisionen großer kosmischer Körper mit der Erde zu sehen ist."(SCHLÜTER 1987: 24)
Manche Tektite, besonders die grünlichen Moldavite, wurden schon vom Steinzeitmenschen gesammelt und zu Artefakten verarbeitet. Die Moldavite wurden später auch zu Cabochons oder facettierten Schmuck- und Amulettsteinen geschliffen.
Große Tektitvorkommen sind in Thailand zu finden. Dort werden die Tektite *Muong Nong,* „Mondsteine", genannt und religiös verehrt. Gelegentlich werden die Tektite bei der Feldarbeit gefunden. Sie verheißen gutes Glück und Fruchtbarkeit. Sie werden als Talismane für Wanderschaften, Pilgerfahrten und Reisen benutzt. Haben sie eine phallische Gestalt, werden sie als fruchtbarkeitsbringende Zaubersteine im Tempel geweiht. Kinderlose Frauen tragen den Stein bis sie schwanger werden.

Lit.: SCHLÜTER 1987.

TRILOBITEN

Syn.: Dreilappkrebse, Dudley-Insekten, Treislobos, „Versteinerte Kellerasseln"
Pal.: Stamm *Arthropoda*, Klasse *Trilobita;* Kambrium bis Perm.
Trilobiten sind eine der ältesten Organismenklassen der Erde. Über ihren Ursprung ist nichts bekannt, genausowenig weiß man etwas über den Grund ihres Aussterbens zu Ende des Erdaltertums. Es hat ca. 10.000 Arten gegeben, die zum Teil in großer Anzahl die Urozeane bevölkerten. Sie konnten zum Teil schwimmen und ernährten sich von Pflanzen und Aas. Die meisten Arten waren wenige Zentimeter lang. Einige erreichten 20–30 cm Länge. Alle bestanden aus drei Teilen oder Lappen: dem Kopfschild *(Cephalon)*, dem Körper *(Thorax)* und der Schwanzplatte *(Pygidium)*. Die Tiere hatten ein Außenskelett, ähnlich dem der noch heute lebenden, nahe verwandten Pfeilschwanzkrebse *(Limulus)*. Besonders auffällig sind die hervorstehenden Facettenaugen. Manche Arten (Ord. *Phacopida*) konnten sich einrollen. Fossile Trilobiten sind bis auf wenige Ausnahmen selten zu finden. Berühmte Vorkommen sind in Nordamerika, Marokko und der CSSR. Oberflächenfunde kommen gelegentlich vor. Meist handelt es sich dabei um herausgewitterte Steinkerne von eingerollten Trilobiten.
In Frankreich ist in einer Höhle ein durchbohrter Trilobit *(Dalmanites hawley;* Silur), der vermutlich aus Böhmen, einem Gebiet der heutige CSSR stammt, bei archäologischen Grabungen gefunden worden. Die Schichten sind etwa 15.000 Jahre alt. Die Höhle wurde unter dem Namen *La Grotte du Trilobite* bekannt. Dieser Fund ist der bislang einzige Beleg für einen magischen Trilobitengebrauch aus dem Paläolithikum.
Im Altertum waren Trilobiten anscheinend unbekannt, denn kein antikes Werk berichtet von diesen unverwechselbaren Fossilien. Der Name wird erstmals in einem Lapidarium um 1698 erwähnt. Im 17.Jahrhundert wurden in Dudley, West Midland, England die *Dudley Locust* oder *Dudley Insects*, ordovizische Trilobiten *(Calymene blumenbachi;* Wenlock Series) als Kuriosum verkauft. Sicherlich wurden auch diesen schönen, oft eingerollten Trilobiten magische Kräfte zugeschrieben. Die Dudley-Insekten wurden später in das Stadtwappen aufgenommen. Im 18. und 19.Jahrhundert wurden Trilobiten wichtige Forschungsobjekte und zum Belegen der Urzeugungstheorien herangezogen, aber nach wie vor zum Beweis der Sintflut benutzt. Manche Trilobiten gelangten in die Kunst- und Wunderkammern und waren mit einer mystischen Aura umgeben. Aus dem 18. Jahrhundert sind einige goldgefaßte Trilobiten *(Phacops rana, Calymene)*, die als Amulette und Giftschutz dienten, bekannt geworden.

In der europäischen Volkskunde sind Trilobiten erstaunlicherweise kaum beachtet worden. ABEL (1939) führt kein einziges Beispiel an. Aus Marokko, einem Land, das sehr reiche Trilobitenfundstellen hat, gibt es Hinweise, daß diese auffälligen Fossilien als Zaubersteine oder Amulette benutzt wurden. In Bolivien werden manche devonische Trilobiten *(Metacryphaeus venustus)* von den einheimischen Indianern magisch benutzt.
In Nordamerika wurden von vielen Indianerstämmen eingerollte Trilobiten *(Flexicalymene meeki retorsa, Calymene breviceps, Paciphacops birdsongensis)* als Amulette, magische Steine, Zaubermedizin und Grabbeigaben benutzt. Diese eingerollten Trilobiten erinnern oft an groteske Gesichter, in denen man Geister, Dämonen, „False Faces", Tiere oder Menschen erkennen konnte. Mitunter wurden sie durchbohrt und in Ketten getragen, oder man legte sie in die Medizinbündel oder Amulettbeutel. In der Gegend von Cincinatti sind die recht häufigen *Flexicalymenen* als Kettenanhänger und Perlen getragen worden. In indianischen Gräbern sind Anhäufungen eingerollter Trilobiten entdeckt worden. Die Indianer des Südwestens benutzen noch heute die flachen,

Abb. 59: Das Stadtwappen von Dudley; in der Mitte ein Trilobit.

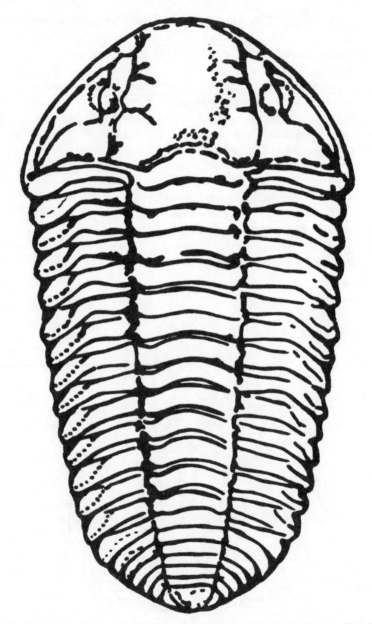

Abb. 60: Rekonstruktion eines Trilobiten *(Flexicalymene)*. (Zeichnung: Sebastian Rätsch)

schwarzen *Elrathia kingii* aus den kambrischen Schiefern von Antelope Springs in Utah. Früher wurden sie am Kopfschild zweifach durchbohrt. Heute werden sie meist in Silber gefaßt und mit *Türkisen* (siehe dort) behängt. Sie werden als Fetische mit besonderen Kräften betrachtet. Leider sind bis heute keine Mythen über den indianischen Trilobitengebrauch aufgezeichnet worden.
Von den australischen Aborigines werden eine Reihe von Fossilien (vgl. *Seelensteine*) als Zaubersteine benutzt. Darunter fand man einen sehr seltenen kambrischen Trilobiten *(Lyriapsis alroiensis).*

Lit.: ANNOSCIA 1981, CUNNINGHAM 1988, FRICKINGER 1985, JOHNSON 1985, LEVI-SETTI 1975, MOODY 1977, RUDWICK 1985.

TROCHITEN

Syn.: Entrochus, St.Cuthbert's Beads
Pal.: Stielglieder der Seelilie *Encrinus liliiformis;* Muschelkalk, Trias.
Trochiten gehörten in den frühen Apotheken zu den gängigen Heilmitteln. Sie wurden bei Gliederzittern, Epilepsie, Erschrecken, Melancholie, Gifttierenbissen, Nasenbluten, Schwindel, Nierenleiden verwendet. Es hieß sie haben die Kraft, das Leben zu verlängern. Damals wurden in den Apotheken Trochiten aber auch als Zaubersteine verkauft. Gegen die Fallsucht sollte ein Stein auf dem Rücken getragen werden. An einem Band sollte er vom Hals am Rücken herunterhängen. Dann konnte er Tapferkeit fördern und die Nachgeburt austreiben. Allgemein schützt der Stein vor Dämonen, Nachtgespensten, Furcht und Schrecken. (vgl. *Seelilien*).

Lit.: ABEL 1939, HEBEISEN 1978.

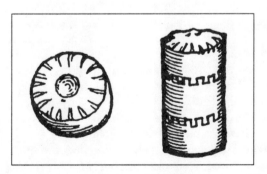

Abb. 61: Trochiten oder Sonnenradsteine. (Aus GESNER, 1558).

TROPFSTEIN

Syn.: Stalaktiten, Stalagmiten
Geo.: Kalkstein durch Sinterung gewachsen.
Die merkwürdigen, langsam, durch heruntertropfendes Wasser wachsenden Gebilde in den Tropfsteinhöhlen wurden weltweit als Zaubersteine und Heilmittel benutzt (vgl. *Höhlenperlen*). Phallisch geformte Tropfsteine werden nahezu universell als fruchtbarkeitsbringende Zaubersteine betrachtet.
Im mittelaltertlichen China wurden Tropfsteine mit Ideen der Unsterblichkeit in Verbindung gebracht: „Die Höhlen vermitteln das Bild der Himmelswölbung. Die Stalaktiten wachsen verkehrt herum, sie sind Glocken oder Zitzen. Die Weisen saugen an ihnen Unsterblichkeit." (CALLOIS 1983: 68). Tropfsteine wurden zusammen mit *Aconit*-Wurzeln und Austernschalen *(Ostrea gigas)* gemahlen, um daraus Unsterblichkeitstränke zu brauen, kräftige Aphrodisiaka zu gewinnen und Elixiere zu Lebensverlängerung herzustellen (vgl. *Schwalbensteine*).

Lit.: CALLOIS 1983, MÜLLER-EBELING und RÄTSCH 1985.

TÜRKIS

Syn.: Kallait, Türkischer Stein
Min.: $CuAl_6[(OH)_2|PO_4]_4 \cdot 4H_2O$, triklin
Türkis kommt meist in traubigen, nierenförmigen, mikrokristallinen Aggregaten vor. Die bedeutendsten Vorkommen sind in Schlesien, Tibet, Nischapur (Persien), Sinai, Australien und Arizona. Türkise wurden schon von den alten Ägyptern zu Amuletten verarbeitet. Im Vorderen Orient wurde er von *Perlen* (siehe dort) umrahmt als Amulett gegen den Bösen Blick am Turban getragen. Der Türkis ist einer der heiligen Steine der Tibeter (vgl. *Cintamani, Edelsteine*). Er symbolisiert die Unendlichkeit des Meeres und des Himmels. Je älter ein Türkis ist, je länger er getragen wurde, desto wertvoller ist er. Er ist mit dem Lebenshauch vergangener Generationen angefüllt. Spezielle, von Lamas geweihte Türkise wurden als *Seelensteine* (siehe dort) benutzt. Wenn der Stein plötzlich die Farbe wechselte, oder gar verloren ging, so hieß es, stehe es schlecht um die Seele des Besitzers. Türkise werden sehr gerne in Kombination mit roten *Korallen* (siehe dort) und *dZi-Steinen* (siehe dort) als kraftspendende, die Lebensfreude verstärkende Amulette getragen.
Bei vielen nordamerikanischen Indianern gehört der Türkis zu den vier heiligen Steinen: Türkis, Weiße Muschel (vgl. *Muscheln*), Abalone und Gagat (= Jet; schnitzbare Kohle aus bituminösen Schiefern). Er wird vielen kosmi-

schen Mächten zugeordnet und ist allgemein der Stein des Lebens. Er gilt als lebendig, denn er ist der einzige Stein, der seine Farbe verändert. Er ist eine gute Medizin, eine geeignete Opfergabe an Pflanzen- und Tiergeister und ein wunderbares Schutzamulett, das Freude und Gesundheit spendet.

Lit.: BENNETT 1970, GUHR und NAGLER 1989, JERNIGAN 1978, TANNER 1976, WEIHRETER 1988.

VERSCHREIHERZEN

Syn.: Krätzsteine, Verschreiherzln
Pal.: Stamm *Cnidaria,* Klasse *Anthozoa,* Ord. *Scleractina,* Sternkorallen; Oberkreide, Gosauschichten.

Im Alpenumland sind seit alten Zeiten herzförmige Amulette in Gebrauch, die vor der Behexung durch Nachrede, dem sogenannten Verschreien, und vor dem Bösen Blick schützen sollen, und daher ihren Namen tragen. Früher wurden dazu Sternkorallenstücke *(Heterocoenia grandis, Astrocoenia sp., Araeacis sp.)* herzförmig gefaßt und als Schutzamulette getragen. In Oberösterreich, besonders aber in Salzburg, wurden bis in dieses Jahrhundert hinein derartige Zaubersteine verkauft.

Die Zauberkraft der Verschreiherzen sollte in den „Sternen" begründet sein (vgl. *Korallen, Sternsteine*).

In den alten Apotheken wurden die in Herzen gefaßten Sternkorallen als Krätzsteine gegen Hautkrankheiten verkauft.

Lit.: ABEL 1939, HAGN 1979.

VERSTEINERTES HOLZ

Syn.: Riesenknochen, Versteinerte Pfeile
Pal.: Meist verkieselte Stämme von Bäumen aus dem Trias und dem Eozän.
Versteinertes Holz wird in aller Welt gefunden. Die spektakulärsten Vorkommen sind in Nordamerika. Sehr eindrucksvoll ist der Versteinerte Wald im *Petrified Forest Nationalpark* in Arizona.

Vor etwa 4300 Jahren wurde in einem etruskischen Tempel bei Bologna der versteinerte Stamm eines Bennettiteen-Stammes *(Cycadeoidea etrusca)* als Ritualobjekt oder Zauberstein aufgestellt und als Grabbeigabe verwendet.

Im alten Ägypten wurden verkieselte Palmenstämme zum Anlegen von Straßen („Knüppeldämmen") verwendet.

Die nordamerikanischen Indianer haben achatisiertes Holz, das schalig springt, dazu benutzt, um Pfeil- und Speerspitzen, Äxte, Messer und bestimmte Werkzeuge herzustellen. Schon zur Folsom-Zeit (20.000–6.000 v. Chr.) wurde versteinertes Holz als Rohstoff genutzt. Antike Pfeilspitzen aus versteinertem Holz werden heute genauso wie andere *Artefakte* (siehe dort) benutzt.

Die Navajo-Indianer halten die versteinerten Baumstämme triassischer Koniferen *(Araucarioxylon arizonicum)* für Knochen von dem schrecklichen Riesen Yietso, der in der Urzeit getötet wurde. Wurden diese Steinknochen zu Werkzeugen verarbeitet, hafteten diesen noch die Kraft der Riesen an. Die Paiute glauben, daß es sich bei den fossilen Baumstämmen um die versteinerten Pfeilschäfte des Donnergottes Shinuav handelt.

In esoterischen Kreisen gilt versteinertes Holz als Elixier, mit dem Erinnerungen an das vergangene Leben erweckt werden können. Man soll mit dem Stein meditieren, um Schäden aus vorausgegangenem Leben wieder wett zu machen.

Lit.: ANNOSCIA 1981, ASH und MAY 1969, CUNNINGHAM 1988, GURUDAS 1985, KRUMBIEGEL und WALTHER 1977, VAVRA 1987.

WIRBELSTEINE

Syn.: Schnecken, Schneckle, Wirfelsteine, Zaubersteine
Pal.: Ord. *Bullacea,* Fam. *Acteonellidae,* Spezies *Acteonella gigantea* (syn. *Trochacteon gigantea*); Untere Kreide.

In den Gosau-Schichten der Oberkreide im Salzkammergut, aber auch in manchen Gebieten von Bayern kommen die sog. Acteonellen-Kalke vor. Darin ist häufig die fossile Schnecke *Acteonella* zu finden, die im Bruch, Schnitt oder in der Witterfläche eine helle Spirale auf dunklem Grund zeigt. Diese Fossilien werden meist Wirfelstoan, Wirfelstein, Wirbelstein oder auch schlicht Zauberstein genannt. Besonders in der Gegend von Salzburg wurden diese Zaubersteine benutzt. Im „Haus der Natur" (Stadt Salzburg) sind einige historische Zaubersteine aus den Acteonellen-Kalken ausgestellt. Sie wurden als wirksamer Gegenzauber gegen die durch Verhexung entstandene Drehkrankheit (Würfelkrankheit) des Viehs betrachtet. Um dieser Krankheit vorzubeugen, werden die Wirbelsteine in den Brunnentrog oder die Tränke für das Vieh gelegt. Die Zauberkraft der Wirbelsteine liegt in der Spirale (vgl. *Ammoniten, Drachensteine, Schlangensteine, Schnecken*).

In Süd-Bayern heißen die Acteonella-Fossilien schlicht Schnecken. Sie werden dem Vieh in den Futtertrog gelegt, um es vor der Dreh- oder Würfelkrankheit zu schützen. Die Steine werden als Sympathiemittel eingesetzt: Gleiches mit Gleichem behandeln. Der schneckenartige Wirbel im Steinquerschnitt

zeigt den Strudel der Drehkrankheit. Diese Steine sollen auch in den Milchkübel gelegt die Milch vor dem Verderben schützen und dafür sorgen, daß die Milch niemals versiegt. Später wurde die Schutzwirkung auf das Vieh auf eine allgemeine Schutzwirkung gegen Hexen ausgedehnt.
Früher wurden auch Kammerausfüllungen von *Ammoniten* (siehe dort) Wirbelsteine genannt (vgl. *Katzenpfötchen*).

Lit.: ABEL 1939, STOJASPAL 1988.

ZAHNSCHNECKEN

Syn.: Grabfüßer, Hundezähne, Kahnfüßer, Muscheln (fälschlich), Ossi Strilloni ("Kreischende Knochen"), Zähne
Pal.: Stamm *Mollusca*, Klasse *Scaphopoda*; Ordovizium (?) bis rezent.

Die Zahnschnecken haben ihren Namen wegen der Ähnlichkeit zu Zähnen erhalten. Sie gehören zusammen mit *Ammoniten, Belemniten, Muscheln* und *Schnecken* (siehe dort) zu den Weichtieren. Sie bilden Schalen, die dünne, zusammenlaufende, leicht gebogene Röhren abgeben. Sie sind an beiden Ende offen, und eignen sich daher gut zur Herstellung von Schmuck und Amuletten. Erdgeschichtlich lassen sie sich zuerst im Devon nachweisen. Aus dem Karbon sind Schalen von 60 cm Länge bekannt. Gehäuft treten sie erst im Tertiär auf. Ihren Entwicklungshöhepunkt scheinen sie gerade hinter sich zu haben oder gerade zu erleben. Die Zahnschnecken sind ausschließlich Meeresbewohner. Sie leben vergraben im Sand und ernähren sich von Mikroorganismen. Fossile, als auch rezente Zahnschnecken sind weltweit verbreitet.

Die fossilen und rezenten Gehäuse, die zum Teil massenhaft auftreten, wurden schon in der Altsteinzeit gesammelt und zu Ketten aufgezogen, oft mit anderen Fossilien, meist Muscheln oder Schnecken, manchmal Ammoniten oder *Trilobiten* (siehe dort) kombiniert. Der Gebrauch dieser Schalen als Schmuckornament und Amulett ist seither weltweit anzutreffen. Dabei war sicherlich die Gestalt ausschlaggebend. Zähne und spitze Gegenstände sind generell unheilabwehrende magische Objekte.

Fossile Zahnschnecken wurden früher in den Apotheken unter der Bezeichnung *Dentalium fossile* als Lieferant für Kalziumkarbonat verwendet.

Rezente Zahnschnecken *(Dentalium pretiosum)* haben bei nordamerikanischen Indianern eine wichtige Rolle als Geld oder Tauschmittel gespielt. Die großen, grünen Arten *(Dentalium aprinum, Dentalium elephantinum, Dentalium formosum)* sind nach wie vor begehrte Schmuckstücke.

Lit.: CLARK 1964, LEHMANN und HILLMER 1988, RICHTER 1981.

ZINNOBER

Syn.: Cinnabarit, Merkurblende, Stahlerz, Vermilion
Min.: HgS, trigonal

Zinnober ist seit alters her das wichtigste Erz zur Quecksilbergewinnung. Berühmte Vorkommen liegen in Spanien (Almaden), Süd-Rußland und China (Hunan). Zinnober kommt meist reinverteilt vor; gute, rote Kristalle sind sehr selten. In China wird der Zinnober seit Jahrtausenden abgebaut. Er wird „Morgen-Sand" genannt und dient zur Herstellung rituell verwendeter Farben und Farbstoffe. Es gehört zu den kostbaren tibetischen *Steinfarben* (siehe dort) und wird als Thika-Farbe benutzt (vgl. *Rauschgelb und Rauschrot, Shivalingam*). Zinnober ist ein wichtiges Ingredienz vieler medizinischer Pillen und Mixturen, die im sinotibetischen Raum für eine Vielzahl von Krankheiten benutzt werden. In indischen Liebeslehren werden oft magische Aphrodisiaka beschrieben, die zum Großteil zermahlenes Zinnober enthalten. Der rote Staub wird auch unter die liebeserzeugenden Zaubermittel gemischt. Auch in der modernen pharmazeutischen Industrie werden Zinnober und daraus abgeleitete Quecksilbersalze recht häufig verwendet (dermatologische Salben, Schmierkur bei Syphillis, Läusemittel).

Zinnober ist ein Mineral, das bei den Alchimisten in aller Welt Bedeutung hatte. Am roten kristallinen Zinnober war deutlich die Transmutation zu erkennen. Wird es erhitzt, schlägt sich elementares flüssiges Quecksilber nieder. Diese Verwandlungsmöglichkeit war eine wesentliche Entdeckung der Alchimisten. Oft wurden aus den daraus bereiteten Unsterblichkeitselixieren vernichtende Todestränke. Die Alchimisten ordneten das Zinnober dem Planeten Merkur zu.

In der Antike glaubte man, daß Zinnober eingetrocknetes Drachenblut sei, und es dadurch zu den *Organsteinen* (siehe dort) zu zählen ist.

Lit.: HANSLIK 1960, TSARONG 1986.

ANHANG

GEOLOGISCHE ZEITTAFEL

Zeitalter	Periode	Stufe	Jahre in Mill.	Tier- und Pflanzenwelt	Pflanzenzeitalter
KÄNOZOIKUM (Erdneuzeit)	QUARTÄR	HOLOZÄN (Jetztzeit)	0,01	ZEITALTER Aussterben zahlreicher Großsäugetiere	KÄNOPHYTIKUM (Zeitalter der Bedecktsamer)
		PLEISTOZÄN (Eiszeit)	1,8	Erscheinen des Menschen	
	TERTIÄR (Braunkohlenzeit)	PLIOZÄN MIOZÄN OLIGOZÄN EOZÄN PALEOZÄN	65	DER SÄUGETIERE Entfaltung der Säugetiere	
MESOZOIKUM (Erdmittelalter)	KREIDE	OBER - UNTER -	130	Aussterben der Ammoniten, Dinosaurier, Flug- und Fischechsen ZEITALTER	MESOPHYTIKUM (Zeitalter der Nacktsamer)
	JURA	MALM DOGGER LIAS	210	Urvogel (Archaeopteryx) DER	
	TRIAS	KEUPER MUSCHELKALK BUNTSANDSTEIN -	250	Erste Säugetiere REPTILIEN	
PALÄOZOIKUM (Erdaltertum)	PERM	ZECHSTEIN ROTLIEGEND	285	Aussterben der Trilobiten und Rugosen Erste säugetierähnliche Reptilien ZEITALTER	PTERIDOPHYTIKUM (Zeitalter der Gefäßsporenpflanzen)
	KARBON (Steinkohlenzeit)	OBER - UNTER -	360	Steinkohlenwälder Erste Reptilien DER AMPHIBIEN	
	DEVON	OBER - MITTEL - UNTER -	410	Erste Amphibien + älteste Insekten ZEITALTER DER FISCHE	
	SILUR (GOTLANDIUM)	OBER - MITTEL - UNTER -	440	Erste Landpflanzen Erste Ammoniten	ALGOPHYTIKUM (Zeitalter der Algen)
	ORDOVIZIUM	OBER - MITTEL - UNTER -	505	Erste „Fische"(Kieferlose)	
	KAMBRIUM	OBER - MITTEL - UNTER -	590	marine Wirbellose und Pflanzen	
	PRÄKAMBRIUM	ALGONKIUM ARCHAIKUM			

BIBLIOGRAPHIE

ABEL, Othenio
1937 „Vorzeitliche Tierreste im deutschen Brauchtum und Volksglauben"
       Forschungen und Fortschritte 13 (23/24)
1939 *Vorzeitliche Tierreste im Deutschen Mythus, Brauchtum und Volksglauben* Jena: Gustav Fischer
ABEL, Othenio und G.KYRLE (Hg.)
1931 *Die Drachenhöhle bei Mixnitz* Wien: Österr.Staatsdruckerei
AGRICOLA, Georgius
1530 *De re metallica, de natura fossilium et al.* Basel: Sammelband
ALDRED, Cyril
1978 *Jewels of the Pharaohs* New York: Ballantine
ANDERSON, Frank J.
1981 *Riches of the Earth* New York: Windward
ANDRÉE, Richard
1878 *Ethnographische Parallelen und Vergleiche* Stuttgart
ANNOSCIA, Enrico
1981 *Fossils, Unknown Companions* Mailand: Soliart (Agip)
ASH, Sidney und David D. MAY
1969 *Petrified Forest* Holbrock, Arizona: Petrified Forest National Park
BAIER, Johan Jakob
       Orytographica Norica
BARNETT, Franklin
1973 *Dictionary of Prehistoric Indian Artifacts of the American Southwest*
       Flagstaff: Northland Press
BEER, Rüdiger Robert
1972 *Einhorn – Fabelwelt und Wirklichkeit* München: Callwey
BENESCH, Friedrich
1981 *Apokalypse: Die Verwandlung der Erde – Eine okkulte Mineralogie*
       Stuttgart: Urachhaus
BENNETT, Edna Mae
1970 *Turquoise and the Indian* Chicago: Swallow Press
BHATTACHARYYA, Benoytosh
1985 *Gem Therapy* Calcutta: Firma KLM Privat
BIEDERMANN, Hans
1986 *Handlexikon der magischen Künste* (2 Bde.) Graz: Akademische Druck-
       u. Verlagsanstalt
BLANCKENHORN, M.

1901 „Das Urbild der Ammonshörner" *Naturwiss.Wochenschr.* 16: 57–59
BRANSON, Oscar
1976 *Fetishes and Carvings of the Southwest* Santa Fe:Treasure Chest Publ.
BRUSIUS, Hedy
1988 *Die Magie der Edelsteine* München: Goldmann
BÜCHNER, Martin
1966 *Zauber der Steine* Bielefeld: Städtisches Museum
CAILLOIS, Roger
1983 *Steine* München, Wien: Hanser
CHELIUS, Johann Daniel
1664 *Kurtze Beschreibung der Stadt Wetzlar* Gießen
CHOCRON, Daya Sarai
1984 *Heilen mit Edelsteinen* München: Hugendubel
CHU, Arthur und Grace
1982 *Jade – Stein des Himmels* Stuttgart: Kosmos
CLARK, R.B.
1964 „The Economics of *Dentalium*" *The Veliger* 6(1): 9–19
COVELLO, Vincent T. und Yuji YOSHIMURA
1984 *The Japanese Art of Stone Appreciation* Rutland, Tokyo: Tuttle
CROW, W.B.
1980 *Precious Stones* Wellingborough: The Aquarian Press
CUNNINGHAM, Scott
1988 *Cunningham's Encyclopedia of Crystal, Gem & Metal Magic* St.Paul: Llewellyn Publ.
CUSHING, Frank Hamilton
1966 *Zuni Fetishes* Las Vegas: KC Publ.
DEAVER, Korra
1987 *Die Geheimnisse des Bergkristalls* Haldenwang: Edition Schangrila
DIOSKURIDES
1903 *Arzneimittel-Lehre* Stuttgart: Enke
DONDELINGER, Edmund
1977 *Der Obelisk* Graz: Akademische Druck- u. Verlagsanstalt
DUBIN, Lois Sherr
1987 *The History of Beads* New York: Adams
EBERHARD, Wolfram
1983 *Lexikon chinesischer Symbole* Köln: Diederichs
EDWARDS, W.N.
1967 *The Early History of Palaeontology* London: Trustees of the British Museum (Natural History)

EVANS, Joan
1976 *Magical Jewels of the Middle Ages and the Renaissance* New York: Dover
FERNIE, William T.
1973 *The Occult and Curative Powers of Precious Stones* San Francisco usw.: Harper & Row
FILLIPETTI, Hervé und Janine TROTEREAU
1979 *Zauber, Riten und Symbole* Freiburg iB: Bauer
FRAAS, Eberhard
1972 *Der Petrefaktensammler* Stuttgart: Kosmos (Reprint)
FRIESS, Gerda
1980 *Edelsteine im Mittelalter* Hildesheim: Gerstenberg
FRICKINGER, K.A.
1985 „Trilobiten aus Bolivien" *Fossilien* 2(1): 36–38
FUCHS, Eberhard und Ulrich GUBELA
1988 *Astromineralogie* München: Heyne
GEORGI, Klaus-Henning
1972 *Kreislauf der Gesteine* Reinbek: Rowohlt
GESNER, Conrad
1565 *De rerum fossilium, lapidum et gemmarum etc.* Tiguri
1589 *Schlangenbuch* Zürich
1670 *Fischbuch* Basel
GHOSN, M.T.
1984 *Origin of Birthstones and Stone Legends* Lomita: Inglewood Lapidary
GIMLETTE, John D.
1981 *Malay Poisons and Charm Cures* Kuala Lumpur usw.: Oxford University Press
GOULD, Stephen Jay
1987 *Time's Arrow - Time's Cycle* Cambridge, London: Harward University Press
GRIMM, Jakob
1969 *Deutsche Mythologie* Graz: Akademische Druck- u. Verlagsanstalt
GRUBER, Bernhard
1980 „Fossilien im Volksglauben (als Heilmittel)" In: *Katalog Oberösterr. Landesmuseums* 105, zugleich *Linzer Biol.Beiträge* 12/1: 239–242
GUHLMANN, W.
o.D. *Die Magie der Edelsteine* Hamburg: Uranus-Verlag
GUHR, Andreas und Jörg NAGLER
1989 *Mythos der Steine* (2.Aufl.) Hamburg: Ellert & Richter

GURUDAS
1985 *Gem Elixirs and Vibrational Healing* Boulder: Cassandra
HAGN, Herbert
1977 „Saligrame – Gerölle von Malm-Kalken mit Ammoniten als Kultgegenstände Indiens" *Mitt.Bayer.Staatsslg.Paläont.hist.Geol.* 17:71–102
1979 „Maria-Ecker-Pfennige – Versteinerungen aus dem Chiemgau als Wallfahrtsandenken" *Volkskunst* 2(3): 167–175
1985 „Schlangensteine und Natternzungen" *Volkskunst* 8(4): 10–16 LICK
HANS, Gerhart
1960 *Arzneilich verwendete Mineralien* Stuttgart: Deutscher Apotheker-Verlag
HANSMANN, Liselotte und Lenz KRISS-RETTENBECK
1977 *Amulett und Talisman* München: Callwey
HASSRICK, Royal B.
1982 *Das Buch der Sioux* Köln: Diederichs
HEBEISEN, Kurt B.
1978 *Zaubersteine - Schlangensteine* Bern, Stuttgart: Paul Haupt
HEBERER VON BRETTEN, Michael
1610 *Aegyptiaca Servitus: Warhafte Beschreibung einer Dreyjaehrigen Dienstbarkeit...* Heidelberg; Nachdruck Akademische Druck- u. Verlagsanstalt, Graz 1967
HILDEGARD VON BINGEN
1957 *Heilkunde* Salzburg: Otto Müller
1979 *Das Buch von den Steinen* Salzburg: Otto Müller
HÖNEISEN, Markus
1984 „Urgeschichtlicher Bernsteinschmuck aus Süddeutschland und der Schweiz" In: *Bernstein-Neuigkeiten, Stuttgarter Beiträge zur Naturkunde* Serie C, Nr.18: 21–28
HÖRANDNER, Edith
1985 „Amulettschmuck" *Volkskunst* 8(4): 5–9
HOWARD, Robert W.
1975 *The Dawnseekers: The First History of American Paleontology* New York, London: H.B.Jovanovich
JACKSON, David und Janice
1988 *Tibetan Thangka Painting: Methods and Materials* London: Serindia Publ. (2nd revised edition)
JERNIGAN, E.Wesley
1978 *Jewelry of the Prehistoric Southwest* Santa Fe, Albuquerque: School of American Research, University of New Mexico Press

JOHARI, Harish
1987 *Die sanfte Kraft der edlen Steine* Durach: Windpferd
JOHNSON, Thomas T.
1985 *Trilobites* Dayton: Litho-Print
JUNGHEIM, Hans J.
1987 „Brachiopoden" *Fossilien* Sonderheft 2
KAHLER, Franz
1925 *Die „Heiligengeist-Schnecken"* Klagenfurt
KANE, Herb Kawainui
1987 *Pele – Goddess of Hawai'i's Volcanoes* Captain Cook: The Kawainui Press
KELLY, K.V.
1971 *Kelly's Guide to Fossil Sharks* Riverview, Florida: *Private*
KOHL, J.
1936 „Zum indischen Steinkult" *Z.Deutsch.Morgenländ.Gesellschaft* 90, N.F. 15: 432–440
KOZMINSKY, Isidore
1988 *The Magic and Science of Jewels and Stones* (2 vol.) San Rafael: Cassandra Press
KROEBER, Alfred L.
1983 *The Arapaho* Lincoln, London: University of Nebrasca Press
KRÜGER, Fritz J.
1987 „Flint-Seeigel - Steinkerne aus nördlichen Geschieben"*Fossilien* 4(6): 258–263
KRUMBIEGEL, Günter und Harald WALTHER
1977 *Fossilien* München: dtv
KULKE, Holger
1976 „Die Lapislazuli-Lagerstätten Sare Sang (Badakhshan)"*Afghanistan Journal* 3(2), Graz: Akademische Druck- u. Verlagsanstalt
KUMMEL, Bernhard
1960 *Middle Triassic Nautiloids from Sinai, Egypt, and Israel* Cambridge: Harvard College
KUNZ, Georg Frederick
1971 *The Curious Lore of Precious Stones* New York: Dover
1973 *Rings for the Finger* New York: Dover
LEHMANN, Ulrich
1985 *Paläontologisches Wörterbuch* Stuttgart: Enke
1987 *Ammoniten: Ihr Leben und ihre Umwelt* Stuttgart: Enke (2.Aufl.)
LEHMANN, Ulrich und Gero HILLMER

1988   *Wirbellose Tiere der Vorzeit* Stuttgart: Enke (2.Aufl.)
LESSER, Friedrich Christian
1735   *Lithotheologie* Hamburg: Christ. Wilh. Brandt
LEVI-SETTI, Riccardo
1975   *Trilobites: A Photographic Atlas* Chicago, London: University of Chicago Press
LEWIN, Louis
1984   *Die Gifte in der Weltgeschichte* Hildesheim: Gerstenberg
LIEBER, Werner
1978   *Menschen, Minen, Mineralien* München: Chr.Weise
LUDWIG, Günter
o.D.   *Sonnensteine: Eine Geschichte des Bernsteins* Berlin: Verlag Die Wissenschaft
LÜSCHEN, Hans
1979   *Die Namen der Steine* Thun: Ott Verlag [enthält eine hervorragende kommentierte Bibliographie, besonders zu den älteren Autoren]
LURKER, Manfred
1987   *Lexikon der Götter und Symbole der alten Ägypter* Bern usw.: Artemis
LUZZATTO-BILITZ, Oscar
1974   *Antike Jaden* München: Schuler
MAYER, Karl Herbert
1977   *The Mushroom Stones of Mesoamerica* Ramona: Acoma Books
MEGENBERG, Konrad von
1861   *Das Buch der Natur* Stuttgart, hrsg. von Fr.PFEIFFER
MOODY, Richard
1977   *Fossilien* Zollikon: Albatros
MOOKERJEE, Ajit
1977   *The Tantric Way* Boston: New York Graphic Society
1982   *Kundalini* New York: Destiny
MORELLO, Nicoletta
1979   *La nascita della Paleontologia nel seicento* Milano: Franco Angeli Editore
MÜLLER-EBELING, Claudia und Christian RÄTSCH
1986   *Isoldens Liebestrank: Aphrodisiaka in Geschichte und Gegenwart* München: Kindler (Knaur TB, 1989)
NEIL, Reinhard
1984   „Fossilien im Volksglauben" *Fossilien* 5: 227–231
NEMEC, Helmut

1976 *Zauberzeichen: Magie im volkstümlichen Bereich* Wien, München: Schroll

NEWBERRY, P.E.
1910 „The Egyptian Cult-object and the ‚Thunderbolt'" *Ann. Archaeol. Anthropol.* 3: 50–52

NORBU CHOPHEL
1983 *Folk Culture of Tibet* Dharamsala: Library of Tibetan Works and Archives

OAKLEY, K.P.
1965 „Folklore of Fossils" *Antiquity* 39: 6–16, 117–125

O'DONOGHUE, Michael
1977 *Enzyklopädie der Minerale und Edelsteine* Freiburg iB: Herder

O'HARRA, Cleophas C.
1920 *The White River Badlands* Rapid City: South Dakota School of Mines, Bulletin No.13

OSBORN, Henry F.
1929 *The Titanotheres of Ancient Wyoming, Dakota, and Nebraska* Washington: Dep.of the Interior, House Doc.No.428

PACHINGER, A.M.
1912 *Glaube und Aberglaube im Steinreich* München: Weiffenbach

PEARL, Richard M.
1975 *Fallen from Heaven: Meteorites and Man* Colorado Springs: Earth Science

PECH, Heinrich
1976 *Smaragde – Gauner und Phantasten* Innsbruck: Pinguin-Verlag

PEYER, Bernhard
1954 *Ein Gebissfund von Lepidotus aus dem oberen weissen Jura von Thayngen Kt. Schaffhausen (Schweiz)* Basel: Birkhäuser

PHILIPPSEN, H.
1923 „Die versteinerten Seeigel Norddeutschlands und ihre mythologische Bedeutung" *Kosmos* 20: 324–325

PHYSIOLOGUS
1987 übersetzt und herausgegeben von Ursula TREU, Hanau: Dausien

PLINIUS der Ältere
1973f *Naturgeschichte* (37 Bde.) München: Heimeran

PURCE, Jill
1988 *Die Spirale – Symbol der Seelenreise* München: Kösel

RÄTSCH, Christian
1986a (Hg.) *Chactun – Die Götter der Maya* Köln: Diederichs

1986b *Ethnopharmakologie und Parapsychologie* Berlin: EXpress
1987 „Der Rauch von Delphi – Eine ethnopharmakologische Annäherung" *Curare* 10(4): 215–228
1988a „Abalonen-Geschichten der Küsten-Miwok" *Club Conchylia Informationen* 20(3): 12–14
1988b *Lexikon der Zauberpflanzen aus ethnologischer Sicht* Graz: Akademische Druck- u. Verlagsanstalt
1989a „Kauris im alten Ägypten" *Club Conchylia Information* 21(1–2): 68–72
1989b *The Mystery of Ammonites* Berlin: VWB
READ, Bernard E.
1976 *Chinese Materia Medica* Taipei: Southern Materials Center
REBRICK, Boris M.
1987 *Geologie und Bergbau in der Antike* Leipzig: VEB Deutscher Verlag für Grundstoffindustrie
REESIDE, John B.
1927a *Cephalopods from the Lower Part of the Cody Shale of regon Basin, Wyoming* Washington: Dept.Interior, Prof. Paper 150-A
1927b *The Scaphites, an Upper Cretaceous Ammonite Group* Washington: Dept.Interior, Professional Paper 150-B
1927c *The Cephalopods of the Eagle Sanstone and Related Formations in the Western Interior of the United States* Washington: Dept.Interior Prof.Paper 151
REGER, Karl Heinz
1981 *Perlen aus bayerischen Gewässern* München: Hugendubel
REICHARD, Gladys A.
1977 *Navajo Medicine Man Sandpaintings* New York: Dover
REINEKING VON BOCK, Gisela
1981 *Bernstein – Das Gold der Ostsee* München: Callwey
REISKIUS, Johann Jakob
1684 *De Glossopetris Lüneburgensibus* Leipzig: Lipper
1688 *Dissertatio de Cornu Hammonis* Miscellan. Natur. curios. dec. II Anno 7
RICHARDSON, Wally und Jenny und Lenora HUETT
1980 *Spiritual Value of Gem Stones* Marina del Rey; DeVorss & Co.Publ.
RICHTER, Andreas E.
1981 *Handbuch des Fossiliensammlers* Stuttgart:Kosmos
1982 *Ammoniten* Stuttgart: Kosmos
RUDAT, Klaus

1985 *Bernstein, ein Schatz an unseren Küsten* Husum: Druck- u. Verlagsgesellschaft
RUDWICK, Martin J.S.
1976 *The Meaning of Fossils* Chicago, London: University of Chicago Press
RUST, Jürgen
1983 *Aberglaube und Hexenwahn in Schleswig-Holstein* Garding: Cobra
RUTSCH, R.
1937 „Originalien der Basler Geologischen Sammlung zu Autoren des 16.–18.Jahrhunderts" *Verhandl.Naturforsch.Gesellsch.in Basel* 48: 15–46
SAFER, Jane F. und Frances M. GILL
1982 *Spirals from the Sea: An Anthropologic Look at Shells* New York: Potter
SAHA, N.N.
1984 *Healing Through Gems* New Delhi: Sterling Publ.
SCHADEWALDT, Wolfgang
1976 *Sternsagen* Frankfurt/M.: Insel
SCHEUCHZER, Johann Jakob
1709 *Herbarium diluvianum* Zürich
1711 *Physica sacra* Zürich
SCHLEE, Dieter
1980 *Bernstein-Raritäten* Stuttgart: Staatl.Museum f.Naturkunde
SCHLOSSER, Julius
1978 *Kunst- und Wunderkammern* Braunschweig: K et B
SCHLÜTER, Jochen
1987 *Meteorite* Hamburg: Mineralien-Zentrum GmbH
SCHÖLLHORN, Elmar
1985 „Eine fossile Perle" *Fossilien* 2(3): 137–138
SCHÖPF, Hans
1988 *Fabeltiere* Graz: Akademische Druck- u. Verlagsanstalt
SCHUMANN, Hans Wolfgang
1986 *Buddhistische Bilderwelt* Köln: Diederichs
SCHURTZ
1677 Materialkammer
SFOUNTOURIS, Argyris
1986 *Kometen, Meteore, Meteoriten* Rüschlikon usw.: Albert Müller
SHARON, Douglas
1980 *Magier der vier Winde* Freiburg iB: Bauer
SKEAT, Walter William
1967 *Malay Magic* New York: Dover

STEINER, Carl Joseph
1896 *Das Mineralsreich nach seiner Stellung in Mythologie und Volksglauben, in Sitte und Sage, in Geschichte und Literatur, im Sprichwort und Volksfest* Gotha: Kulturgeschichtliche Streifzüge

STIX, Hugh und Marguerite und R. Tucker ABBOTT
1984 *The Shell: Gift of the Sea* New York: Abradale

STOJASPAL, Franz
1988 „Die Schichten von Gosau" in Werner K.WEIDERT (Hg.), *Klassische Fundstellen der Paläontologie, Bd.1:* 115–120, 198; Korb: Goldschneck

STOLL, Arthur
1988 „Große Paläontologen: Othenio Abel 1875–1946" *Fossilien* 5(3): 138–139

STUCKY, Rolf A.
1974 „The Engraved Tridacna Shells" *Dédalo* 10 (19)

STÜHMER, H.H., Chr.SPAETH und F.SCHMID
1982 *Fossilien Helgolands, Teil 1: Trias und Unterkreide* Helgoland: Niederelbe-Verlag

TANNER, Clara Lee
1976 *Prehistoric Southwestern Craft Arts* Tucson: University of Arizona Press

THENIUS, Erich
1963 *Versteinerte Urkunden* Berlin usw.: Springer

THIEL, Josef F. et al.
1986 *Was sind Fetische?* Frankfurt/M.: Museum für Völkerkunde

TIBON, Gutierre
1983 *El jade de México* México D.F.: Panorama

TSARONG, T.J.
1986 *Handbook of Traditional Tibetan Drugs* Kalimpong: Tibetan Medical Publications

VALENTINI, Michael Bernhard
1704 *Museum Museorum* Frankfurt/M.: Zunners

VANDENBERG, Philipp
1979 *Das Geheimnis der Orakel* München: Bertelsmann

VAVRA, Norbert
1987 „Fossilien in Volksglauben und Alltag" *Schriften d. Vereines z. Verbreitung naturwiss.Kenntnisse in Wien* 126: 193–252

WARD, Peter D.
1987 *The Natural History of Nautilus* London etc.: Allen & Unwin

WECK, Wolfgang
1986 *Heilkunde und Volkstum auf Bali* Jakarta: P.T.Intermasa
WEIHRETER, Hans
1988 *Schmuck aus dem Himalaja* Graz: Akademische Druck- u. Verlagsanstalt
WESTERVELT, William D.
1988 *Hawaiian Legends of Volcanoes* Rutland, Tokyo: Tuttle
WILLIAMS, Terry T.
1984 *Pieces of White Shell: A Journey to Navajoland* Albuquerque: University of New Mexico Press
WOOD, Elizabeth
1983 *Corals of the World* Neptun City, NJ: T.F.H.
YEAGER, C.G.
1986 *Arrowheads & Stone Artifacts* Boulder: Pruett Publ.
ZIEGLER, Bernhard
1984 *Kleine Geschichte der Paläontologie* Stuttgarter Beiträge zur Naturkunde, Heft 19

DANKSAGUNG

Die Fülle an Material, die uns bei der Bearbeitung dieses Buches zur Verfügung stand, wäre nicht ohne die fachliche Hilfe vieler Freunde zusammengekommen. Unser besonderer Dank gilt Prof. Dr. Gero Hillmer, Leiter des Geologisch-Paläontologischen Institutes der Universität Hamburg; ohne seine Hilfe und Begeisterung, ohne seine gründliche paläontologische Beratung wäre dieses Buch niemals entstanden. Herzlich bedanken möchten wir uns bei allen Menschen, die uns mit Rat und Tat zur Seite standen: Mike Bäätjer, Dr.Ray Boyce, Dr.Karl Gratzl (für verlegerischen Enthusiasmus), Susan Hendrickson (für die *Queen Conch Pearls*), Robert A. Haag (für die Steine von den Sternen), Karl Henn, Sigi Höhle (für die Enthüllung minoischer Geheimnisse), DDr.Albert Hofmann, Dr.Yasutada Kashiwagi, Yvonne Kühn, Hans-Jürgen Lierl, Larry Martin (für den Bohrer aus versteinertem Holz), Dr.Ralph Metzner, Mineralien Zentrum (Hamburg/Tokyo), Elke Müller, Claudia Müller-Ebeling, Nirmol und Anupama, S.Orito, Sebastian Rätsch, Glenn Rockers (für die Boji-Steine), Dr.Jochen Schlüter (für mineralogische Beratung), Surendra (für seine wunderschönen Mandalas), Ossi Urchs, Josef Wührl und vielen anderen.

INDEX

A'a (Lava) 107
Abalone 103, 130, 166
Abraxasgemmen 26
Acanthoscaphites 34
Achat, Achates 26, 36, 71, 75, 90, 92, 93, 125, 128
Ackstein 36
Aconit 166
Acteonella 131, 143, 168f
Acteonella gigantea 168
Acteonellen-Kalk 168
Acteonellidae 168
Adler 50
Adlerstein 26, 90, 128
Aegoceras 138
Ägypten 19, 31, 33, 42, 43, 49, 75, 85, 92, 95, 107, 110, 114, 118, 123, 124, 125f, 147, 166, 167
Aerolithe 114
Äther 51
Äthiopien 31f
Afrika 45, 58
Agstein 36
Ahlashiwe 100
Ajna cakra 76
Akasha 51
Albdrücken 42, 78
Albe 70, 86, 109
Albenstein 40
Albfuß 69, 70, 119
Albfußstein 69
Albschoß, -stein 40, 109
Alchimie 15, 65, 77, 135, 170
Alectryonia crista galli 70
Alfquarner 69
Alkohol 30
Allheilmittel 19, 91, 103
Almaden 170
Alp 42
Alpen, Alpenvor- und Umland 113, 123, 124, 167
Alpfescht 40
Alphenstein 40
Alpkreuz 148
Alraune 30, 108f
Alraunrnännchen 109

Altertümer 36
Altmexiko 78, 104
Amaltheus margaritatus 34
Amazonasgebiet 53
Amber 45
Amboß 115
Ameisen-Nasen-Geld 91
Amerika 30, 36, 91f, 107, 129, 134
Amethyst 29f, 76f
Ammolite 130
Ammon 31
Ammoniak 109
Ammonis cornu aureum 81
Ammoniten 30ff, 40, 42, 43, 53, 56, 61, 64, 73, 77, 80, 81f, 83, 98f, 100, 107, 114, 117, 128, 130, 131, 135f, 136ff, 140, 151, 153, 154, 169
Ammonium 32f
Ammonoidea 31, 64, 80, 81, 98, 135, 136
Ammonshorn 30, 35
Amulett 13, 29, 30, 31, 36, 45, 46, 47, 52, 58, 71, 72, 80, 82, 86, 89, 91, 92, 96, 98, 100, 103, 106, 117f, 120, 124, 130, 134, 139, 140, 143, 152, 156, 161, 162, 166, 167, 169
Amulettperlen 47
Amun 31f, 42, 43, 58, 107
Anahata (Herzcakra) 76
Analogiezauber 41f
Ananchites 148
Anachytes ovata 148
Ancyloceras 98f
Ancylocerataceae 89
Andachtsbilder 143
Anden 35
Anhänger 91, 140, 163
Antelope Springs 165
Anthozoa 102, 167
Antidot 16, 47ff, 69, 128
Apachen 127
Apachentränen 126f
Aphrodisiakum 16, 35, 41, 47, 48, 61f, 91, 98, 103, 123, 135, 170
Aphrodite 123, 129
Apotheken 41f, 49, 62, 74, 86, 95, 102, 106, 124, 156, 165, 167, 169
Apollon 128

apotropäisch 12
Aquamarin 76, 141
Aqnu 106
Araber, arabisch 47, 118, 135
Arachneolithen 102
Araeacis 167
Aragonit 31, 53
Arapaho-Indianer 53, 118, 119
Araucaryoxylon arizonicum 168
Archaegastropoda 96
Argonautea 30
Arietidae 136
Arietites 34, 137
Arietites bucklandi 138
Arizona 37, 127, 166, 167
Armenium 39
Armfüßer 51
Arn el Gebel 33, 43
Arsenblende 134
Arsenminerale 134f
Artefakte 36, 58, 59, 78, 91, 108, 130, 155, 161, 168
Artemis 30
Arthropoda 162
Arznei 49, 52, 104
Asien, asiatisch 45, 103, 135
Aspu 92
Assilina 124
Assilina exponens 113
Assilinen 124
assyrisch 75
Asteria 155
Asteria vera 155
Asterites 155
Asteroceras 56
Astrea rugosa 98
Astrion 155
Astrios 92
Astroiten 102, 151, 155
Astrolobos 155
Astrologie 51, 76f
Astronomie 76
Asurstein 106
Atlantis 77
Atlatlspitzen 86
Atum-chepre 125
Atzmann 108f
Auflösungsstein 92
Augenachat 26

Augenperlen 71
Augenstein, Augstein 29, 36, 39, 45, 46, 71f
Aulacosphinctoides 135
Aura 50, 162
Auripigment 134f
Auster 70, 129, 146, 148, 166
Australien, australisch 35, 115, 151, 165, 166
Außerirdische 76, 114, 161
Axt 58
Ayurveda 103
Azagud 75
Azteken 91, 115, 138
Azurit 39, 84, 155

Bacchus 30
Baculites 34f, 53f, 94, 112
Baculites compressus 53
Baculites ovatus 53
Badezaar 47
Badlands 60f
Bär 50
Bali 89, 107f, 115
Balmung 92
Baltisches Gold 45
Bamberg 37, 82
Bambus 48
Baumbusschnaps 62
Bandachat 26
Barycypraea 143
Baryt 31, 53, 112
Basel 42, 106
Basilisk 47
Basiscakra 77
bat k'uh 58
Batrachites 104
batu guliga 48
batu kecubong 30
Baumachat 26
Bauernpfennige 124
Baumbezoar 103
Bayern 103, 113, 168
Bazuhr 47
Behexung 42, 66, 86, 95, 120, 138, 149, 150, 167
Bel 75
Belemnitella mucronata 40
Belemniten 40ff, 43, 58, 62, 109, 111, 135f, 153f, 155, 169
Belemnitenrostren 43

Belemnitenschlachtfelder 40
Belemnitida 40, 135
Belemnopsis gerardi 43, 135
Belice 91
Benben 125
Bennettiteen-Stamm 167
Berber 152
Berching 34
Berg-Eis 44
Bergabsturz 71, 80
Bergbaubrauchtum 24
Bergblau 39
Berggeister, -götter 44, 80f
Berghörner 30, 33, 43, 140
Bergkristall 17, 38, 44f, 58, 59, 75ff, 78, 98, 125, 126, 151, 154
Bergmanndlkreuz 124
Bernstein 23, 36, 45ff, 76, 109, 151, 159
Bernsteinkiefer 45
Bernsteinland 45
Bernsteinstraße 46
Beryll 78
Besessenheit 45
Bezaar 47
Bezoar 47
Bezoarkräuter 47
Bezoarstein 47ff, 103, 128, 140, 154
Beztarahat 47
Bhang 153
Bibel 78, 92
Bilsenkraut 30
Bimsstein 10, 107
biogen 11, 47
Biolith 10
Birma 91
Bischofskrone 146
Bivalvia 70, 103, 117
Biack Hills 31, 60
Blackfeet-Indianer 53f
Blanfordiceras wallichi 135
Blasenstein 95
Blaustein 39
Blitzschlange 136
Blitzschutz 34, 41, 138, 148f
Blitzstein 40, 58, 146, 149
Blumentiere 102
Blutstein (Hämatit) 31, 49f, 75, 110, 155
Blutsteinamulett 49, 100f
Blutstillen 49f

Bochiantes gerardianus 135
Bodensee 104
Böhmen 149, 162
Böschel-Jamthang 159
Böser Blick 29, 36, 49, 86, 98, 103, 126, 149, 166, 167
Boji-Stein 38, 50f, 101
Bolivien 163
Bologna 167
Bomor 139f
Bonifaziuspfennige 151f
Boraces 104
Bordeaux 148
Borneo 49
Bos 62
Botrax 104, 105
Brachiopoda 51, 89, 161
Brachiopoden 51ff, 98f, 120, 123, 132, 143, 146
Brahmanas 153
Brasilien 29
Brattenburger Pfennige 51
Breisgau 34
Brontia 146
Brontotheriidae 60
Brontotherium 60f
Brontotherium leidyi 60
Bronze 147
Brujo 126
Brunshusen 67
Buddha 18, 30, 54, 57, 58, 81, 135
Bucardites 120
Büchsenstein 78
Büffel 53f, 61
Büffelstein 23, 30, 34, 53f, 61, 94, 100
Bündnismünze 33
Bufo 104
Bufonites 104
Bufotini 104
Bufotiniten 104
Bullacea 168
Bulle 61
Bundan Kali Yaga 118
Buntzenstein 120

Cabochon 161
Caeruleum 39
Cakra 76f, 80
Cakra des Vishnu 80

Calcit 31, 53, 143
Calcit-Ammonit 56
Calculus 47
Calymene 162
Calymene blumenbachi 162
Calymene breviceps 163
Camarophora sancti-spiritus 52, 89
Camarophoridae 89
Camp Verde-Meteorit 115
Campanile gigantea 140, 144
Carcharias glaucus 86
Carcharodon 85ff
Carcharodon carcharias 85
Carcharodon megalodon 85
Cardium 118, 140
Cassis cornutus 143
Cephalon 162
Cephalopoda 31, 40, 140
Ceratites nodosus 64, 65, 68
Ceratitidae 64
Ceraunia 40, 58, 146
Ceraunias sagetta 59
Cerithium 140
Cervus 62
Chac tun 77
Chalchihuite 91
Chalchiuhtlatonac 91
Chalchiuhtlicue 91
Chalcedon 31, 76
Chama lazarus 104
Channeling 50, 77
Charonia tritonis 143
Chelidonius, chelidonii 145
Chelonites 104
Chelonitides 146
Chemnitzia 140
Chesbet 106
Chiapas 46, 139
Chiemgau 113
Chihuahua 139
China, chinesisch 47, 52, 61ff, 69, 80, 91f, 108, 118, 123, 134, 146, 158, 166, 170
Christianisierung 70, 86, 104, 136, 152
Chrysoelektrum 45
Chrysokoll 110
Chrysolith 76, 98
Chrysophrys 145
chthonisch 19
Cidaridae 95

Cidaris 149
Cidaris coronata 148
Cidaris glandaria 95
Cidaroida 95
Cincinetti 163
Cinnabarit 170
Cintamani 18, 54 58, 166
Clach-crubain 119
Clymenia 35
Clypeaster altus 147
Cnidaria 102, 167
Concha venera minima 123
Conchodus infrasiliasicus 119
Conchylien 117, 140
Congeria 118, 119, 120
Congeria ungulae capra 119
Conus 139, 140
Copal 45, 47
Coracias 40
Coralliophilidae 143
Corallium 102
Corallium rubrum 102
Cordyline terminalis 107
Cornua ammonis· 30, 31, 64
Carpaudinam 106
Carpaudines 104
Crinoidea 151
Crystallos 44
CSSR 162
Cuspiteuthis 41
Cyanos 39
Cycadeoidea etrusca 167
Cylinder 58
Cypraea 140
Cypraea annulus 123
Cypraea aurantium 143
Cypraea moneta 123f, 143
Cypraea stercoraria 143
Cypraecassis rufa 143
Cypraeidae 120
Cytherea 119

Dachsteinmuschel 119
Dactylioceras 73
Dactylioceras athleticum 34
Dactylioceras commune 138
Dactylioceras tenuicostatum 138
Dactylioceratidae 136
Dactyloteuthis 41

Dactylus Idaeus   40
Dämonen   12, 30, 36, 39, 41f, 44, 45, 59, 70, 86, 91, 92,127, 163, 165
Dakota   34
Dalmanites hawley   162
Darjeeling   72
Darmstadt   101
Datura   126
Datura fastuosa   30
Datura ferox   153
Datura inoxia   17,45
Datura metel   153
Datura stramonium   153
Deckel (Operculum)   96ff, 125
Delphi   32, 127
Denk-Edelstein   54
Dentalium   140
Dentalium aprinum   169
Dentalium elephantinum   169
Dentalium formosum   169
Dentalium pretiosum   169
Dentaluim fossile   169
Denver   50
Deutsches Gold   45
Deutschland   34, 40, 45, 52, 82, 113, 125, 138, 148
Dharmaratna   54, 81
Diamant   75f
Diana   30
Dibéntsaa   127
Didymoceras   35
Dinosaurier   31, 40, 60, 62
Dinosaurierknochen   61, 74
Diplocynodon   101
Discoceratites semipartitus   64
Discoscaphites   34
Divination   14, 45
Divinationsmittel   14, 45
Dodona   32
Dominikanische Republik   45
Donar (Thor)   40f, 58, 149
Donarshammer   58
Donarstein   40, 58, 146
Donderstein   146
Donneraxt   58, 59
Donnergott   40, 42, 46, 58, 149, 168
Donnerkegel   40
Donnerkeil   36, 38, 40, 45, 58f, 86, 111, 114, 147, 149, 155

Donnerkeil-Hieroglyphe   42
Donnerkeilzepter   59
Donnerpferd   60f
Donnerstein   58f, 82, 86, 114, 146, 148
Donnertier   60f
Doppel-Donnerkeilszepter   55
Doppelender   44
Dordogne   91
Dorje   38, 45, 55
Dornenauster   91, 104
Dorset   138
Drache   48, 60, 61f, 63, 64, 65, 69, 80, 81, 148
Drachenblut   170
Drachenknochen   60, 61ff, 69, 74, 129
Drachenzähne   60, 61ff, 69, 129
Drachenstein   30, 34, 64ff, 67, 69, 117, 128, 136, 150
Draconites   64, 67
Dracontites   64
Drakenstein   64
Drakontias   64
Drehkrankheit   168
Dreilappkrebs   162
Drittes Auge   96
Drogen   153
Drude   70
Drudenfuß   69, 70, 148
Drudenstein   69f, 108, 119, 152
Druide   70, 147f
Druse   29, 44
Duchanek   146, 149
Dudley   162, 163
Dudley-Insekt   162
Dudley Locust   162
Dübeli   161
Dunstable Downs   148
Duruma-Meteorit   114
Dushu   75
Duvalia lata   42
dZi-Stein   29, 36, 71f, 103, 142, 155, 166

Echinocorys   148
Echinocorys ovata   117, 148, 149
Echinocorys sulcata   149
Echinodermata   146, 151
Echinoidea   146
Echinolampas stelliferus   148

Echites 26
Echsen 101
Eckernpfennige 113
Edelkoralle 103
Edelstein-Zentrum 77
Edelsteine 24, 32, 45, 46, 55, 57, 58, 71, 72ff, 78, 91, 98, 102, 107, 109, 110, 125, 129, 141, 145, 155, 166
Edelsteinkordel 78
Edelsteinmagie 24, 72ff, 76
Edelsteinmedizin 103
Ei 61, 153
Eipo 35
Eisen 110
Eisenerz 134
Eisenglanz 49
Eisenkies 134
Eisenmeteorite 114f
Eisvogel 134
Elben 70
Elektron 45
Elfen 89
Elixier 15, 46, 91, 103, 168
Elmeshu 75
Elrathia kingii 165
Elsaß 115
Ematites 49
Encope californicus 121, 150
Encrinus liliiformis 151, 165
Encrinus moniliformis 151
Engel 89, 90, 124, 129, 161
England 34, 49, 56, 102, 130, 136f, 147, 148f, 162
Enhydros 26
Ensisheim 115
Entrochus 165
Erdöl 11
Erleuchtungsflamme 135
Erotik 16
ethnopaläontologisch 23
etruskisch 167
Eulenkopf 51f
Eulenstein 79
Eupachydiscus 83
Europa 33, 34, 36, 77, 95, 135, 139
Eutrephoceras dekayi 34
Evolution 8
Exkremente 101
Exorzismus 55

Fälschung 72
False Face 163
Faserquarz 26
Feige (Zeichen) 103
Felszeichnung 41
Fenriswolf 86
Festungsachat 26
Fetisch 14, 16, 32, 50, 58, 100, 127, 130, 139, 143, 165
Fetischkult 14
Fetischpriester 45
Feuer (Element) 51
Feuerbälle, fliegende 116
Feuerstein 78f, 134, 147, 149, 155
Figurenstein 33, 79, 100, 101, 108, 124, 130, 140, 154
Fingerstein 40
Finsternis 86
Fisch 80, 104, 132
Fischkoprolithe 101
Fischstein 80
Flexicalymene 163, 164
Flexicalymene meeki retorsa 163
Flint 78
Flintenstein 78
Flintstein 78
Florida 85, 86
Fluch 13
Fluorit 77
Flußgerölle 135, 151
Foraminiferen 113f, 124
Foraminiferida 113, 124
Fossilien 10, 20, 23, 43, 50, 58, 61, 62, 79, 100, 113, 128, 139, 151, 152, 158, 165, 169
Fränkische Alb 34, 82
Fraisenstein 139
Fraiskette 52,86
Frankreich 91, 147, 148, 151, 162
Freija 113
Fruchtbarkeitsstein 35, 95, 135
Fruchtstein 124

Gänheim 64
Gagat (Jet) 11, 166
Gaia 8
Galactites 116, 146
Galeoidei 85
Galerites vulgaris 147, 149
Gallierdolch 40

gallische Stämme 70, 147
Galützelstein 40
Gambia 29
Gandersheim 67
Ganesha 30
Ganga 153
Ganja 135
Garatronia 104
Garmisch-Partenkirchen 125
Gastropoda 120, 140
Gebäramulett 113
Gebärmutter, -votiv 104f, 113
Gebetsstein 58
Geburt 92, 96, 98, 113, 129
Geburtsstein 77
Gegengift 16f, 47ff, 135
Gehirn 67
Geister 12, 48, 79, 126, 163
Geisterdolch (phurba) 45, 115
Geißfüßle 119
Gemmen 26
Gemsenkugel 19
Geld 125, 169
Geld der Engel 124
Geldkauri 123
Geoden 26, 90
Germanen, germanisch 34, 46, 86, 92, 114, 149, 151, 152
germanische Mythologie 41
Geschiebe, -fossilien 40, 79, 147
Gespensterkerze 40
Gesteine 10, 139
Gesteinsglas 126, 161
Getreide 140
Gewitterstein 40, 58, 146
Gift 12, 16f, 47ff, 102f, 106
Giftbaum von Borneo 49
Gilgamesch-Epos 107
Gizeh 124
Glaesaria 45
Glaesum 45
Glas 72, 114, 126, 161
Glasbläser 149
Glasmeteorite 161
Glasperlen 71
Glossopetra 82, 86, 88
Glossopetrae majores 86
Glassopetrae minimae 86
Glossopetrae minores 86

Glottis 82
Glücksbringer 13, 82, 108, 114
Glückspfennige 113
Glücksstein 77, 146
Glycimeris 117
Glycimeris gigantea 119
Gnadenpfennig 113
Gneis 10
Götter 12, 14, 30, 36, 44, 54, 58, 59, 72, 75f, 91, 92, 107, 114, 127, 130, 148, 155
Götteräxte 58
Götterrad 30, 80f, 135
Götterstein 146, 149
Gold 75, 82, 134, 140
Goldammoniten 81
Goldrad 30
Goldschnecke 30, 34, 37, 81f
Goniatites 35
Gosau 131, 167, 168f
Goslar (Goßlar) 67, 117
Grabbeigaben 19, 46, 54, 85, 91f, 117, 123, 140, 143, 147, 151, 163
Grabfüßer 169
Gracirhynchi 82
Granat 76f
Granit 10, 138
Griechenland, griechisch 22, 102, 118, 123, 124
Griffelseeigel 111, 147
Grödenstein 146
Grossouvria sulcifera 82
Großforaminiferen 124
Großsäugetiere 60
Grummelstein 58
Gryphaea 118, 119
Gryphaea arcuata 119
Guatemala 91, 133
Gulielmites jason 82
Gunung Agung 107
gzi-Perle 71

Haberkörnlstein 124
Hämatit 31, 49f, 100
Hämmerle 40
Hagerbezoar 47
Hahnenkamm-Auster 70
Hai 85, 88
Haifischzahn 33, 58, 82–89, 139

Haliotis 103, 128, 130
Haliotis corrugata 130
Haliotis fulgens 130
Haliotis iris 130
Haliotis rufescens 130
Hammer 40f, 58
Hanab K'uh 58
Hanf 153
Haplophylloceras 135
Harz 64, 117
Hase 61
Hastites 41
Hathor 110
Hati 86
Hauca 47
Hauskatze 98
Hausschutz 34
Hawai'i 107
Hebammenstein 110
Heckpfennig 113
Heidentum 23, 34, 86, 113, 136
Heiler 51
Heiligengeist-Schnecke 52, 89f, 161
Heiligenschein 125
Helgoland 98
Heliaden 46
Heliopolis 125
Helios 46
Heliotrop 76
Helminthilitus belemnites 41
Hemicidaris crenularis 148
Hephaistos 107
Herkimer Diamant 44
Herrgottstein 146
Herzstein 79
Heterocentrotus mammillatus 147
Heterocoenia grandis 167
Hexen, Hexerei 64, 70, 82, 90, 96, 104f, 118, 126, 150, 169
Hexengeld 151
Hexenpfeile 40
Hexenschüssel 90, 100, 104
Hexenschuß 40
Hexenschußstein 40
Hexenstein 146
Hieroglyphen 42
Hilda 138
Hildoceras bifrons *138*
Hildoceratidae 136

Himalaya 34, 42, 43, 71f, 80, 92, 103, 135, 136, 153
Himmelsauge 39
Himmelseisen 114
Himmelsgott-Axt 58
Himmelskönigin 129
Himmelsstein 114
Himmelstau 129
Hinduismus, hinduistisch 72, 81, 135f, 152
Hindukusch 124
Hinkelstein 125
Hippopus hippopus 104
Hirsch 47, 61, 145
Hirschhorn 19
hm (Hieroglyphe) 42
Hochmutter 98
Hochseebewohner 40
Hochvater 98
Höhle 80, 90f, 162
Höhlenperle 90f, 100, 166
Hokkaido 31, 82
Holzblockdruck 57, 62, 63, 81
Hoploscaphites 34
Hoploscaphites nebrascensis 131
Hornstein 78
Horus 75
Horus-Auge 75
Hügelgrab 148
Hühnergötter 78f, 108
Hüne 79
Hünengräber 79
Hünentränen 151
Hulalini 75
Hulalu 75
Humberside 56
Hunan 170
Hundertfüßler 53f
Hundezähne 169
Hunnentränen 151
hu-pu 47
Hutstein 146
Hyazinth 76
Hyazinthperlen 151
Hysterolith 120
Hysteropetra 120

Idar-Oberstein 29
Idole (Götterfiguren) 14, 91, 107
Ifugao 96

Ijada 91
Imperial-Jade 91
Impotenz 35, 95, 120
Indianer 46, 58, 91, 118, 126, 134, 151
Indianer (Karibik) 46
Indianer (Nordamerika) 15, 34, 45, 50, 54, 60f, 86, 96, 101, 115, 163, 166
Indianer (Südamerika) 45, 163
Indien, indisch 24, 29, 30, 43, 76f, 80, 92, 98, 124, 135, 138, 153, 170
Indischer Ozean 123
Indonesien 118, 143
Indopazifik 143
Indra 58, 59
Inka 143
Inkarnation 43, 61
Ipomoea violacea 126
Irokesen-Nation 60
Isastrea 155
Isis 75
Islam 114
Isocrinida 151
Italien 80, 98, 103, 147

Jack-Frucht 48
Jackstone 51
Jaculum 40
Jade 23, 78, 91f, 104
Jadeamulett 91
Jadeit 91
Jadestengel 62
Jägerkulturen 49
Japan 31, 34, 83, 103, 107, 115, 122, 158
Jaspeh, Jasper 92
Jaspis 75, 76, 92
Jaspisamulett 92
Jatak Parijat-Text 76
Java 118, 143
Jesus 129
Jet 10, 166
Judäa 92, 95
Judenherz 146
Judenstein 92, 95, 147, 154
Jungfernhäutchen 120
Jupiter (Ammon) 32, 33, 76
Juwel der Lehre 54
Juwelen 107

Kaaba 114
Kabul 141

Kärnten 89
Kahnfüßer 169
Kaiserstuhl 109
Kali 136
Kali-Gandaki-Tal 73, 80
Kalkstein 53, 100, 166
Kallait 166
Kamel 61
Kammerfüllung 53, 94, 98, 112, 169
Kammerlinge 124
Kammerschnecke 30, 100
Kammuschel 117
Kanada 91
Kansas 38, 50, 101
Karpfen 61
Karneol 71, 75
Karibik 128
Katzenauge 76, 96ff, 125, 143
Katzenpfötchen 30, 34, 53, 98f, 169
Kaurischnecke 91, 120, 123, 148
Kelten, keltisch 70, 147f, 151
Kemala 140
Kenya 114
Kepplerites 82
Kesslerloch 31
Ketophylum 102
Kettenglieder 91, 117, 152, 160, 169
Ketu 76
Keulenstein 79
kicing buntet 118
Kiemenapparat 51f
Kiesel 78
Kieselsäure 78
Klapperstein 29
Knochen 60, 61f, 168
Knollen 100, 110
Knopfstein 146
Knüppeldamm 167
Kobra 140
Kokosnuß 48
Kolumbien 35
Komanchen-Indianer 115
Komet 155
Kometenstein 114
Koniferen 168
Konkretionen 48, 50, 70, 79, 91f, 100f, 108, 135, 139, 152, 154
Koprolithe 79, 94, 101, 139

Koralle 28, 69, 72, 76f, 102f, 130, 134, 143, 155f, 166
Korallenachat 26
Kosmoceras 82
Kosmoceratidae 82
Kosmologie, kosmologisch 72, 155
Kotstein 101
Krähenzungen 82
Krätzstein 167
Kraftobjekt 13, 34, 44, 53, 100, 102
Kraftzentren 72
Kraken 31
Kreismuster 71
Kreta 117, 147
Kreuz 13, 46, 113
Kreuzfahrer 95
Kris 115
Kristall 44, 75
Kristallei 75
Kristallsehen 45
Kristallspitzen 45
Kröte 46, 104f, 127
Krötenfetisch 104
Krötengift 104
Krötenkönig 105
Krötenschüssel 91, 103f, 105, 110, 119
Krötenstein 104ff, 127, 128, 132, 145, 146
Kronos 49
Krottenstein 69, 104f
Kümmichstein 124
Kümmelstein 119, 124
Kugelfisch 106
Kugeln 14, 26, 45, 126
Kugelzahn 132
Kultobjekte 14, 50
Kultplatz 113, 152
Kundalini-Feuer 77
Kundalinischlange 77, 136, 138
Kunzit 77
Kupferblau 39
Kupferlazur 39
Kupfermineral 110

La Grotte du Trilobite 162
Lack 134
Ladakh 160
Ladislauspfennige 123
Lakandonen-Indianer 8

Lakshmi 123
Lama 166
Lambis lambis 143
Lamiodonten 82
Lamna 86
Lampenmuschel 51
Landschaftsachat 26
Langobarden 147
Lapidarium 162
Lapillus 82
Lapis 106
Lapis arachneolithi 102
Lapis bazar 47
Lapis bufonites 104
Lapis covnini 40
Lapis fuminaris 40
Lapis hystericus 120
Lapis hysterolithes 120
Lapis Idaeus 40
Lapis Judaicus 92
Lapis lynci 40
Lapis lynci praep. 109
Lapis nummales 124
Lapis ophites 136
Lapis petroglossa 82
Lapis pilati 146
Lapis spiritales 146
Lapis uterina 120
Lapislazuli 55, 75ff, 106f, 155
Lasurblau 39
Lasurstein 75, 106
Laterne des Aristoteles 147
Lava 107f
Lazurit 106
Leitenpfennig 113
Lemintina arenaria 139
Lemuria 50
Lendenstein 91
Lentes lapidaeae 124
Lenticulites 124
Lenzmittel 47, 91
Leoniceras 43
Lepidotes 104, 106
Lepisma saccharina 80
Leucogaeas 116
Leucographitis 116
Libanon 95
Libido 120, 161
libysche Wüste 31f

Licoptera 80
Liebesgöttin 123
Liebestrank 16
Liebeszauber 16, 41, 43, 69, 75, 78, 101, 123, 129, 153
Ligurischer Stein 109
Limonit 50, 82, 90, 100
Limonitkonkretion 29, 100
Limnostracit 69
Limulus 162
Lindwurmdarstellungen 64
Lingam 152f
Lingam-Stein 153
Lingam-yoni-Bildnis 153
Lingula 51
Linsenstein 124
Lippenpflöcke 45
Lithika 22, 49, 76
Littorina 140
Lochmuschel 51
Lochstein 69, 70, 79, 91, 100, 108
Lößkindl 79, 100, 108f
Lößmännchen, -puppe 108
Lopha marshi 70, 119
Luchs 109
Luchssaphir 110
Luchsenstein 109
Luchsstein 40, 41, 47, 76, 109f
Luftstein 114
lung (chin. Drache) 61f
lung ku 61
lung tse 61
Lusus naturae 79
Luzerner Drachenstein 69
Luzon 96
Lyme Regis 138
Lyncurer 109
Lyncurium 40, 109
Lyngorion 109
Lyriapsis alroiensis 164
Lytoceratidae 53

Macrocephalites 37, 82
Macrocephalites tumidus 82
Macrocephalitidae 82
Macroscaphitinae 53
Madepore 102
Madonna (Mutter Gottes) 113f, 125
Mähren 140

Magie 35, 48, 75ff, 104
Magilus antiquus 143
Magische Rüstung 75
Magnes 110
Magnesischer Stein 110
Magnesiumsilikat 139
Magnet 110
Magneteisenstein, -erz 110
Magnetit 110
Magnetstein 110
Mahren 42, 70
Mahrenzitzen 40, 42
Mainzer Becken 117, 140
Mais 8
Mako Sica 60
Malachit 39, 75, 104, 110f, 117, 139, 155
Malayen 48
malayische Magie 30, 48, 139
Malta 85, 145
Malthäser-Stein 145
Malvenstein 110
Mammalia 47
Mammuthus 60
Mammutzahn 60
Managamr 86
Mandala 18, 138
Mandragora officinarum 109
Mani 54, 58
Manipura cakra 77
Manitu 54
Mantra 12, 14
Maori 92
Marezitze 40
Margaritifera margaritifera 128
Maria 129
Maria Eck 113
Maria-Ecker-Pfennige 113f, 124
Marienkult 113
Marienpfennig 113
Mark Brandenburg 150
Markasit 50, 100
Marokko 29, 35, 85, 152, 162f
Mars 51, 76
Maske 91, 96
Mautzenstein 120
Maya-Indianer, -Schamanen 17, 45, 58, 77, 78, 89, 91, 118f, 123, 130, 143, 150
Meditation 15, 50, 55, 59, 72, 143, 155
Meditationsobjekt 15, 81, 125, 135, 158

Meditationsstein 158
Medium 51
Medizin 15, 42, 53, 95, 118, 130, 167
Medizin (chinesisch) 48, 52, 61f
Medizinbeutel 15, 34f, 54, 61, 100, 101, 118
Medizinbündel 34, 53
Medizinstein 53, 58, 115, 118
Medizinthangka 27
Medusa 102
Meeresungeheuer 60
Meerohr 130
Meerschweinchenstein 79
Megalithen 14, 125
Megateuthis 41
Meiseki 158
Melanopsis 140
Melocites 110
Melonen vom Berge Carmel 92
Melothitis 110
Mennige 102
Menschenhai 85
Menstruationsblutung 49
Messel 101
Merkur 76, 170
Merkurblende 170
Merowinger 148
Meskalin 79
Mesoamerika 130
Mesogastropoda 120
Mesopotamien 71
Metall 9, 59
Metacryphaeus venustus 163
Meteoreisen 114f, 116
Metorite 39, 58, 114ff, 155f
Meteorolithe 114
Meteorstein 114
Mexiko 46, 91, 98, 121, 126f, 134, 136, 138, 147
Milch 64, 66, 116f, 150, 153, 169
Milchdrache 64
Milchstein 116f, 146, 150
Micraster 148f, 155
Micraster coranguinum 148
Millecrinus 152
Mineralien 9, 44, 72ff, 98
Mineralisation 10
minoisch 117, 147
Mispelstein 146
Mitteleuropa 34, 117, 118, 123, 151

Mittelmeerraum 49, 117
Mithridat 19
Mohnkapsel 45
Mohrenzitzen 40
Moldavite 161
Mollusca, Mollusken 32, 40, 43, 70, 96, 103, 117, 120, 128, 140, 169
Molochites 110
Monatsstein 77
Mongolen 103, 116
Mond 30, 76, 86, 125, 130, 145, 155, 161
Mondstein 161
Mondwolf 86
Monolith 125
Montana 53f, 93, 112
Monte Bolca 80
Moosachat 26
Moränen 147
Moravia 95
Mounds 115
Mühlensteinchen 151
Mühlstein 152
Münzen 125
Münzenstein 124
Münzstein 124
Münztierchen 113
Muktinath 135f
Muladara 77
Mumie 19, 49, 75, 96, 110, 115
Muong Nong 161
Muschel 8, 13, 51, 100, 103f, 117ff, 120, 128, 140, 143, 146, 166, 169
Muschel-Zauberstein 118
Muschelschale 8f, 91, 104, 110, 117, 128
Muttergottesmilch 129
Muttergottesstein 146
Mutterstein 51f, 91, 118, 119, 120, 123f, 148, 161
Myloceras 35
Myophorella incurvata 119
Mytilus 128

Nachrede 167
Nabel 77, 127
Nachtmahre 42
Nacktschnecke (marin) 48
Napata 32
Narrengold 134
Nasenbluten 49

Nasenloch 91
Nashorn 48
Nassa 140
Natica 140
Natica ammonis 32, 43
Natternzünglein 82
Natternzungen 82, 86
Naturphänomene 58
Naturspiele 79, 100
Naudanda 72
Nautiloidea 135
Nautilus, Nautili 30, 31, 32, 34, 128, 130
Navajo-Indianer 39, 107, 113, 119, 127, 130, 154
Navajo-Meteorit 115
Nazhi 82, 85
Nelkenstein 151
Nepal 29, 42, 72, 135f
Nephrit 91
Neukaledonien 58
Neuseeland 91, 92
New Age 50
Newar 27, 135
Niedersachsen 150
Nierenstein 79, 91
Nil 124
Nischapur 166
Nordamerika 14, 23, 34, 49, 101, 115, 118, 162, 163, 167
Nordamerika (Südwesten) 14, 101, 104, 115, 139, 155
Norddeutschland 40, 90, 98, 117, 147
Nordeuropa 40f, 117, 123
Nordlichtsymbole 46
Novo-Urei-Meteorit 115
Nummuliten 113f, 124f
Nummulitenkalk 124, 125
Nummulites 124
Nummulites curvispira 124
Nummulites gizehensis 124
Nymphe 30

Obelisk 45, 125f, 145
Obsidian 36, 75f, 78, 126f, 134
Ochsenherz 120
Ocker 54
Odontaspis 85f
Oeuf de serpents 146, 148
Öhningen 104

Ölberg 95
Österreich 167
Ohrenpflöcke 45
Olmeken 91
Opferstein 58
Ombria 146
Omphalos 32, 127f, 154
onycha 97
Onyx 75ff
Opal 76f
Operculum, Operculi 96ff, 125
Ophioglossae 82
Ophit 30, 136
Opium 30, 45, 104, 153
Orakel 32, 34, 43, 76, 127
Orakelgott (Amun, Jupiter) 32
Oregon 101
Oreodon 61
Organsteine 47, 105, 128, 145, 154, 170
Orphische Lithik 49, 92
Orthiden 120
Orthis hysterica 52
Orthis vulvaria 120
Ossain 113
Ossi Strilloni 169
Ostheolith 116
Ostpreußen 42
Ostrea edulis 148
Ostrea gigas 166
Ostreidae 70
Ostsee, -küste 45f, 111, 147
Ottertött 40
Otterzitzen 40
Ozeanien 96

Pahoe'hoe (Lava) 107
Paiute-Indianer 168
Pakistan 124
Palaeotherium 60
Palästina 95
Palmenland 31
Palmenstämme 167
Panazee 16
Panchamrita 153
Papageienstein 79
Papua-Neuguinea 34, 35, 151
Pappel 46
Pariser Becken 117
Paßhöhe 81

Paua 130
Paulus 86
Pectunculus 117
Pedernales 78
Pele 107
Pen ts'ao kang mu 80, 134
Pendel 45, 51
Penobscot-Indianer 60
Penis 130, 152
Pentacrinus 152, 155
Pentagramm 71, 148, 150, 152
Perlen 53, 58, 61, 63, 71, 72, 76f, 91, 115, 128ff, 166
Perlenmutter 128
Perlmutt 31, 53, 128ff
Perlmutt-Ammonit 130
Perisphinctacea 135
Perisphinctes 34, 138
Perisphinctidae 82
Perissodactyla 60
Persien, persisch 47, 166
Perseus 102
Peru 39, 47, 79, 104, 140
Pest 69, 149
Peterspfennige 151
Petrefakt 11, 40
Peu-Pierroux 151
Pfeilschwanzkrebs 162
Pfeilspitzen 86, 115, 126, 168
Pfeilstein 40, 109
Pfennigstein 124
Pferd 46
Pflanzentiere 102, 151
Phacopida 162
Phacops rana 162
Phallus, Phalli 46, 101, 153f, 161
Phallusstein 40, 79, 95, 125f, 152, 154
Phallussymbol 80, 152ff
Pharaonen 124
Pharmakopöe 27, 146
Philippinen 96, 107, 143
Phönizier 76
Phosphatbetten 86
Phosphorit 116
Phurba (Geisterdolch) 45
Phyloceratacea 135
Phyllodus 104
Phymosoma granulosum 149
Piedra culebra 140

Piedra ojo 39
Pierre d'orage 146
Pierre de St. Paul 82
Pierre sorciers 146
Pilger 81, 113, 135, 161
Pillerstein 40
Pilz 150
Pilzkoralle 130
Pilzstein 102, 130f, 133f, 154
Pinctada margaritifera 128, 130
Piniennadeln 46
Pinus succinifera 45
Pirula 128
Pisces 85
Pitar 119
Placenticeras 34
Plains 60
Planeten 51, 72, 76f, 155
Plankton 51
Pleuroceras spinatum 34
Polynesier 107
Polyp 147
Pommern 150
Porospaera globularis 130
Porphyr 10
Porta Westfalica 64
Portland 138
Poshe (tibetischer Bernstein) 47, 159
Potenz 16, 61, 80, 101, 103, 153
Pounumu 91
Prambanan-Metorit 115
Präriestämme 23, 53, 60
Prinios 147
Prograyiceras 135
Prophetenstein 146
Prophetie 32, 78, 150
Protozoa 113, 124
Provence 148
Psilocybe mexicana 126, 130
Psychedelika 45, 113
psychedelisch 12, 104, 109, 130, 140, 151
psychotrop 30
Pteria 128
Pteria penguin 130
Pteria sterna 130
Pterioida 70
Pueblo-Indianer 136
Pumupud 96
Punas 47

Pygidium 162
Pyramide 44, 45, 50, 114, 124, 125
Pyramidion 125
Pyrit 50, 78, 100, 106, 134
Pyrites 134
Pythia 128

Quarz 44, 77
Quarzgruppe, 44, 92, 98
Quarzkristall 44
Quecksilber 170
Queen Conch Pearl 128
Quetzalcoatl 136

Ra 75
Rabenstein 40
Rad des Gesetzes 81
Radstein 151
Räderstein 151
Räucherklaue 98
Räucherwerk 12, 46, 104
Rahu 76
Rappenkegel 40
Rappenstein 40
Ratna 54
Rauchquarz 141
Rauschgelb und Rauschrot 134, 153, 155, 170
Realgar 134f
Regenstein 58
Reis 48
Reiswein 62
Regenbogen 72
Reptil 72
Reuschgeel 134
Rhein 120
Rhinoceros 62
Rhinoceroshornbecher 19
Rhipidocrinus 152
Rhynchonella 52
Rhynchonellida 89, 161
Riesen 60, 79, 168
Riesenflügelschnecke 128
Riesenknöpfe
Ring 71, 106
Ringstein 106
Ritual 45, 134, 150, 153, 158
Ritualobjekt, -gerät 91, 116, 117, 126, 130, 167

Rocky Mountains 54
römische Kultur 22, 31, 147
Rollsiegel 117
Romanisierung 70
Rosenquarz 141, 156
Rostrum, Rostren 40, 43, 135
Roszgelb 134
Rotaliacea 113,124
Roteisenerz 49
Rubin 76f, 141
Rudstone 31
Rügen 147, 149
Russen 115
Rußland 170
Rutilquarz 156

Sachsen-Anhalt 117
Sacrium 45
Saftstein 45
Sagitta 40, 42, 59
Sahara 123, 152
Sahasara 76
Salagrama 135
Saligrame 30, 34, 43, 73, 77, 80, 100, 135f, 138, 152, 153
Salpingoteutis 41
Salzburg 167, 168
San Pedro-Kaktus, -Trank 79, 140
Sandaraca 134
Sandarach 102, 134
Sandbilder 84, 113, 155
Sanddollar 121, 146, 147, 150
Sandu 75
Santa Lucia-Augen 96
Saphir 76f
sas tun 45
Satan 60, 64
Saturn 76
Scaphiten 34, 35
Scaphopoda 169
Schadenzauber 105, 149, 151
Schädel 45, 62, 76, 122
Schallbecher 151
Scham 118, 120
Schamane, Schamanismus 13, 44, 53, 59, 79, 140, 150
Schamstein 51f, 120
Schariwari 86
Scherhörner 30, 64

Schildkröte 101, 118
Schildkrötenfleisch 19
Schildkrötenstein 119
Schizophoria 132
Schizophoria vulvaria 52, 120
Schlange 46, 47, 48, 61, 94, 101, 136, 138, 148
Schlangenaugen 106, 145
Schlangenbeschwören 139
Schlangenei 146f, 149
Schlangeneistein 146, 148
Schlangenherz 146
Schlangenhörner 82
Schlangenkraft (Kundalini) 136, 138
Schlangenstein 30, 34, 35, 64, 79, 82, 101
Schlechte Winde 46, 126
Schlegel 58
Schlesien 166
Schmer 134
Schmiedekunst 107,155f
Schminke 104, 110, 117
Schmuck 72, 128, 130, 161, 169
Schnecke 30, 31, 32, 43, 82, 96, 100, 103, 114, 117, 125, 128, 135, 136, 139, 140, 143, 144, 153, 168, 169
Schneckenhorn 143
Schneckle 30, 81, 168
Schneeflockenobsidian 126
Schnupfpulver 53
Schöpfungsmythe 77
Schoßstein 40, 109
Schrattenstein 69, 151
Schraubenstein 151
Schreckstein 40, 52, 139
Schreibkreidestein 116
Schulp 40
Schwäbische Alb 31, 34
Schwämme 130
Schwalbe 145
Schwalbennestsuppe 146
Schwalbenstein 52, 82, 89, 106, 128, 145f, 166
Schwangerschaftsamulett 113
Schwefelarsen 134
Schwefeleisen 134
Schwefelkies 134
Schwert 115
Scleractinia 102, 155, 167
Scrimshaw 138

Scolopendrites lapis 146
See, heiliger 72, 103
See-Opal 128, 130
Seeigel 46, 70, 95, 106, 117, 146–150, 151, 154, 156f
Seeigelstachel 95, 111
Seeigel-Krötenstein 106
Seele 75, 127, 150
Seelenreise 92, 118, 143
Seelenstein 35, 146, 149, 150f, 165, 166
Seelilie 70, 147, 151f, 156
Seelilienstielglieder 70
Seenesselstein 120
Seeschlange 49, 61
Seestern 147
Seidenstraße 103
Sekhetam 31
Selachii 85
Sepia officinalis 40
Serpentin 139
Sexualmagie 136, 150
Shalgram 135
Shanka 153
Shephard's Crown 146, 149
shih yen 146
Shinuav 168
Shirahagi-Meteorit 115
Shiva 96, 107, 136, 152f
Shiva-Auge 96
Shiva-lingam 34, 40, 43, 45, 72, 77, 95, 100, 101, 107, 128, 135, 152ff, 170
Shiva-Tempel 72
Shokuja 115
shüh yu 80
Siam 45
Sibirien 138
Siebenbürgen 124
Siegfried 92
Siegstein 30, 146, 148, 154
Sigesstein 154
Signatur 124
signum druidis 70, 147
Sigurru 75
Silber 55, 96, 140, 141, 158, 165
Silberfischchen 80
Silberschnecke 30, 81
Silex pertusus 69, 108
Sinai 166
Sinanthropus pekinensis 62

Sinne 76
sinotibetische Medizin 135, 170
Sioux-Indianer 34, 60f, 130
Sipho 140
Siwa 32
Skarabäus-Käfer-Amulett 75, 107
Smaragd 76, 78, 110, 141
Snakestone 138
Solitärkoralle 102
Sonnengott 89, 125
Sonnenräder 151f
Sonnenradstein 151f, 165
Sonnenstein 30, 45, 151f
Sonnentanz 54
South Dakota 31, 53, 60f, 74, 130, 131
Spadjesten 146
Spangenstein 151
Spanien 147, 170
Spectrorum candela 40
Specularit 49
Speerspitzen 86, 126, 168
Sperling 146
Sphenodiscus 35
Spiegel 14, 126, 134
Spinnen 48
Spinnenstein 102
Spinnwirtel 91, 149
Spirale 35, 81, 82, 96, 114, 124, 135, 140f, 143, 168f
Spirifer auriculatus 120
Spirifer cultijugatus 52
Spirifera 52
Spiriferiden 120
Spiti-Schiefer 43, 80, 135
Spondylus americanus 91
Spondylus princeps 91, 104
Sri Lanka 29
St. Irmengardstränen 113
St. Paul-Zungen 82
Stachelhäuter 146
Stadtwappen 138, 162, 163
Staffelberg/Staffelstein 82
Stahlerz 170
Stalagmiten 166
Stalaktiten 146, 166
Star Agate 102
Starzer Kreuz 113
Stechapfel 17, 30, 153
Stechapfelstein 30

Stechehörndli 40
Steerenburg 34
Stegaster 148
Stegodon 62
Stein-Ahnen 100
Stein-Eisenmeteorit 114
Stein des Nordens 45
Stein-Schwalbe 146
Steinaxt 58f
Steinbaum 102
Steinbücher (Lithika) 22, 76
Steinfarbe 39, 135, 154f, 170
Steinfigur 100
Steinfinger 40
Steinfisch 80
Steinglauben 22
Steinkult 75, 125, 127, 158
Steinlinsen 124
Steinmeteorit 114
Steinschnecke 30
Steinwerkzeug 36, 58f, 78f, 114, 168
Steinzitzen 40
Steinzungen 82, 89
Stenocisma 89
Sterilität 35
Sternchen 151
Sterne 72, 75, 149, 155, 157, 167
Sternachat 26, 102
Sternkoralle 155, 167
Sternrubin 156
Sternsaphir 156
Sternschnuppe 114
Sternstein 72, 78, 86, 102, 114, 146, 149, 151f, 155ff, 167
Sternzeichen 77, 155f
Stinktierstein 119
Strahlenkranz der Madonna 114
Strahlhamer 58
Strahlkeil 58
Strahlstein 40
Strawberry Tops 96
Stringocephalus burtini 52
Strombus galeathus 143
Strombus gigas 128, 143
Strychnos ovalifolia 49
Succinum 45
Südamerika 103, 118
Südeuropa 46
Südostasien 69, 98, 129, 139

Südsee 96
Süßwassermuschel 104
Sugelit 77
Suiseki 34, 83, 158
sumerisch 114
Surendra 27
Svadhisthana cakra 77
Sympathiemittel 168
Synnephites 116
Synochites 148
Syriacus 92
Szu-ch'uan 108

Tabak 115
Täubli 51, 161
Tai-pei 74
Talisman 13, 31, 100, 109, 138, 148f, 161
Tantra, tantrisch 45, 59, 76f, 96, 135, 153
Taoismus 158
Tappenstein 40
Tascheln 51
Taube 89f, 161
Taubenstein 51f, 89, 161
Tausendblättriger Lotus 76
Tectus pyramis 130
Tektit 114, 154, 161
Telepathie 51
Telum 40
Teonanacatl 130
Terebratula 51f
Terra sigilata 19
Teufel 70, 105
Teufels Zehennagel 119
Teufelsfinger 40
Teufelsgeld 124
Teufelshörner 40
Teufelskopf 119
Teufelspfennige 124
Teufelszehe 40
Tezcatlipoca 126
Thailand 161
Thangka 18, 27, 155
Thecolithus 92
Theriak 19
Thika 135, 153, 170
Thohluru 135
Thor 41, 149
Thorax 162
Thüringen 152

Thunder beast 61
Ti'-Pflanze 107
Tibet, tibetisch 18, 27, 38, 45, 47, 55, 57, 58, 59, 63, 71, 72, 81, 103, 115,116, 123, 135f, 142, 151, 154f, 159, 166
Tierkreiszeichen 77
Tierpflanze 102
Tiger 61
Tigerauge 98
Tiger-Seele 47
Tigerknochen 19
Tintenfisch 31, 40
Tisbury Star Stone 102
Tissoti 43
Titanites giganteus 138
Titanotherium 60f, 122
Todesstein 35
Todeszauber 58, 59
Tonitrui coneus 40
Tonminerale 100
Topas 76
Totenbuch 75
Totenseelenstein 146
Trachenstein 64
Track 64
Trackenstein 64
Trakenstein 64
Trance 14, 32, 43, 45, 50
Transmutation 170
Traum 31, 92, 150
Treislobos 162
Trichocereus pachanoi 79
Tridacna 104
Tridacna maxima 110
Tridacna squamosa 110
Trilobit 61, 162–165, 169
Trilobita 162
Triton 143
Trochacteon gigantea 168
Trochiten 151, 156, 165
Trochitenkalk 151
Trochus niloticus 130
Tropfstein, -höhle 90, 146, 152, 154, 166
Truttelstein 69
Truttenkreuz 148
Truttenstein 69
Tryptamine 104
Tucson-Meteorit 115
Tübeli 51

Tübli 161
Türkis 23, 36, 75ff, 78, 100, 119, 141, 151, 155, 159, 160, 166f
Türkisräume des Himmels 57
Turban 166
Turbanschnecken 96, 98
Turbina corymbosa 45, 78, 126
Turbinella pyrum 143, 153
Turbinidae 96
Turbo argyrostomus 98
Turbo fluctuosus 96, 98
Turbo jourdani 96
Turbo marmoratus 96, 98, 130
Turbo petholathus 96, 98
Turbo pulcher 98
Turbo reevei 98
Turbo sarmaticus 98
Turbo whitleyi 98
Turmalin 76, 109
Turritella 143

UdSSR 110
Uhligites griesbachi 135
ujat-Auge 13, 75
Uknu 75
Umbilicus venerea 96
Unio lavateri 103f, 119
Unio mystica 12
Unioidae 103
Unionoida 103
Unsterblichkeitselixier 15, 91, 135, 166, 170
upas-Liane 49
upud 96
Ural 29
Uranolithe 114
Uranus 49
Urin 109
Uroboros-Schlange 136
Urtierchen 124
Uruguay 29
USA 50
Utah 84, 113, 165

Vajra 59
Vampirstein 79
Veneriden 120
Veneroidea 120
Venus 76, 113, 123
Venusberg 113

Venusbergpfennig 113
Venusmuschel 120
Venusnabel 96
Venusstein 119, 120
Vermetus 140
Vermilion 170
Verschreiherz 102, 167
Verschreiherzl 167
Versteinertes Geld 124
Versteinertes Holz 33, 74, 167f
Versteinerte Kellerasseln 162
Versteinerte Kinderherzen 146
Versteinerte Kuhtritte 119
Versteinerte Melonen 146
Versteinerte Pfeile 167
Versteinerter Polyp 146
Veterinärmedizin 50
Vielsamiger Stein 124
Virites 134
Vishnu 80, 135, 143
Visuddha cakra 76
Vodun-Götter 113
Vogelzungen 82
Voivre 148
Vormenschen 62
Votivbild 104
Vulcano 107
Vulkan, vulkanisch 107, 126, 161
Vulva 120, 123, 154

Wahrsagekugel 45
Wahrsagepriester 78
Wakan Tanka 54, 61
Walfänger 138
Wallfahrtsandenken 95, 113f, 136
Washington 94, 101
Wehenkreuz 113
Weichtiere 117, 128, 169
Wein 30, 109
Weihegaben 36
Weihrauch 46, 130
Weihrauchbeutel 54
Weissagung 31f
Weizenstein 79
Westafrika 14
Wetterstein 146, 149
Wetterzauber 58
Whitby 73, 137, 138, 139
Wicca 150

Wichita County-Meteorit 115
Wichtelmännchen 109
Wichtelsteinchen 151
Widderhorn 31
widernatürliche Praktiken 23
Wiedergeburt 19, 118, 143
Wiener Becken 95, 117, 140
Wikingerboote 123
Wilde Jagd 119
Wildfrauen 119
Wirbel 119
Wirbelstein 35, 98, 131, 143, 150, 168f
Wirfelstein 168
Wirtelstein 146, 149
Wotawes 34
Wunderkammer 80, 162
Wunderstein 30, 136
Wundsegen 49
Wunschstein 58
Wurmschnecken 139
Wurzeln 13

Ya'axtun 91
Yada 91
yang 61, 158
Yanhuitlan-Meteorit 115
Yietso 168
yin 158
Yol tunich 118
Yoni 154
Yucatán 118
Yü 91

Zähne, fossile 60ff, 62, 106, 132, 145, 169
Zahnschnecke 169
Zaire 110
Zanskar 160
Zauberbeutel 53
Zauberei 12
Zaubergerät 55
Zauberjuwel 18, 54, 58, 156
Zauberkorb 53
Zauberkräuter, -tränke 75, 90
Zaubermedizin 34, 54, 163
Zauberpilz 130
Zauberspruch 12, 48f, 49f, 77, 154
Zauberstein 35, 54, 168
Zauberwaffen 115
Zauberzeichen 23
Zen-Buddhismus 158
Zen-Steine 158
Zentralasien 52
Zeremonialäxte, -beile 35, 91
Zeus (Jupiter) 31f, 46, 58
Ziegenhörner 30
Ziegenklauen 119
Zinn 140
Zinnober 153, 155, 170
Zuchtperlen 128
Zungenstein 82
Zuni-Indianer 127, 130
Zwerg 109
Zwergensteine 151